我们都是群体行为的盲从者

Psychologie des Foules

乌合之众

大众心理研究

（法）古斯塔夫·勒庞／著

陈　娟／译

应急管理出版社

·北　京·

图书在版编目（CIP）数据

乌合之众 ：大众心理研究 /（法）古斯塔夫·勒庞著 ；陈娟译. -- 北京 ：应急管理出版社，2025.
ISBN 978-7-5237-1342-6

Ⅰ. C912.64

中国国家版本馆 CIP 数据核字第 2025E39D81 号

乌合之众　大众心理研究

著　　者　（法）古斯塔夫·勒庞
译　　者　陈　娟
责任编辑　陈棣芳
封面设计　宋双成

出版发行　应急管理出版社（北京市朝阳区芍药居 35 号　100029）
电　　话　010－84657898（总编室）　010－84657880（读者服务部）
网　　址　www. cciph. com. cn
印　　刷　三河市天润建兴印务有限公司
经　　销　全国新华书店

开　　本　880mm × 1230mm 1/32　**印张**　8　**字数**　117 千字
版　　次　2025 年 8 月第 1 版　2025 年 8 月第 1 次印刷
社内编号　20240777　　**定价**　49. 80 元

作者前言

该书的目的是对社会各种群体的特征做一个说明。遗传赋予种族中的个体以某些相同特征，这些特征合起来构成了这个种族的气质。只是当其中一部分人为了行动的目的聚集起来成为一个群体时，仅仅从他们聚在一起这个事实，就可以观察到，除了原有的种族特征外，这个群体还表现出一些新的心理特征。这些特征很多时候与种族特征并不相符。

在各民族生活中，有组织的群体都起着重要作用，但这种作用从来没有像现在这样显著。群体无意识行为代替个体有意识行为，成为这个时代的一个主要特征。

对于群体行为所引起的困难问题，我用纯科学的方式进行了考察研究。也就是说，我的努力只是方法上的考量，不受各种观点、理论以及教条的影响。我们深信，这是发现真理的唯一有效方法，当探讨的问题受到关注却众说纷纭时尤其如此。努力弄清某种现象的科学家，对于自己的研究是否可能伤害什么人的利益，是不会在意的。不属于当代任何学派的杰出思想家阿尔维耶先生在他最近的一部著作中说，他经常发现自己的结论和所有这些派别的各种结论相冲突。我希望这部新作也能如此。一旦属于某个学派，人们就很难避免产生先入为主的意见以及存在偏见。

在这里我需要向读者解释一下，为什么我会从自己的研究中得出一些让大家乍看起来很难接受的结论。比如，为什么我在指出包括拥有一些杰出人士在内的团体的群体精神极度低劣后，还是断言，这种群体精神尽管低劣，但干涉他们的组织仍然是危险的？

原因就是，历史事实毫无例外地证实，社会组织就像所有有机生命体一样复杂，我们还不具备强迫其在短时间内发生深刻变革的能力。大自然有时当然会采取一些激烈的手段，不过从来也不是以我们的方式。这表明，一个民族如果过于热衷重大变革，无论这种变革在理论上多么正确、多么出色，都是存在致命危险的。当这种变革只有即刻使民族气质发生变化时，才是有用的。可惜只有时间才拥有这样的能力。人们会受到各种思想、情感以及习惯的控制——人的本性使然。各种制度和法律，无一不是人的性格的外在表现，反映着人的需要。作为社会产物的制度和法律，是无法改变这种性格的。

社会现象和产生这些现象的民族是紧密相关的。很多时候从哲学的角度看，这些现象似乎有绝对的价值，而实际上它们的价值仅仅是相对的。

因此，对待一种社会现象，应该分清先后，从不同方面加以考量。如此就会发现，很多时候纯粹理性的道理与实践理性的道理相悖。这样的划分适用于包括科学对象在内的几乎全部对象。按照公理，一个立方体或者一个圆，是由相关公式严格定义的不变的几何形状。但一旦从人的角度去看，这些原本规则的几何形状就会变得不同。通过透视，立方体会变成锥体或者方形，圆形会变成椭圆形或者直线形，而一般来说，分析这些多变虚幻的物理图形，总是比分析它们真正的形状显得更重要，原因是它们，也只有它们，才是我们看到并能用拍照或绘画加以再现的形状。很多时候不真实比起真实蕴含更多的真理。如果按照事物真实的几何形状来呈现，很可能恰恰是在歪曲这个事物，使之变得难以辨别。不妨设想一下，假如全世界的人只会复制照搬，但无法接触这些事物，人们是很难对事物外形形成正确认识的。同时，关于事物形状的知识若仅仅由某些专家掌握，那么这些事物对人就没有什么存在的意义。

研究社会现象的学者应该记住，所有现象除了理论价值还有实际价值，而只有后者才与文明的发展有关系，因此是更重要的。认识到了这个事实，再考虑一开始从逻辑上迫使别人接受结论时，就会采取谨慎态度。

另外，还有一个原因导致采取类似的保留态度。社会现象如此复杂，无法加以全方位掌握或预见它们相互影响造成的后果。同时，在看得见的事实背后，往往隐藏着无数看不见的事实。可见的社会现象有可能是某种庞大的无意识机制产生的，这种机制通常超出了人的分析能力的范畴。我们可以把感觉到的现象比喻为波浪，而波浪不过是大海深处看不见的湍流的反映。群体的大多数行为，在精神层面表现为一种独特的低劣品性，但在另外的行为中，社会似乎由某种强大的神秘力量控制，古人称之为命运、自然规律或天意，而我们将其称为“幽灵的回声”。虽然我们无法了解它，却不能低估它的威力。一个民族的内心深处，仿佛有某种恒久的力量在支配着它。我们以语言为例，还有什么比语言更复杂、更有逻辑性、更神奇的东西吗？但正是令人赞叹高度组织化的语言，不恰好是来自群体无意识，而不可能来自别的地方吗？那些最博学、最具威望的语言学家，所能做的也不过是找出支配语言的规律，而不可能创造这种规律。谁也不能断言那些伟大人物的思想完全是他们头脑的产物。是的，这些思想的确是由这些了不起的头脑创造的，但难道不正是群体的禀赋为之提供了无数沙砾，才形成这种思想生长的土壤吗？

群体总是无意识的，但或许它巨大力量的来源，恰恰就隐藏在这种无意识中。在大自然中，受本能支配的生物做出某些动作，其精巧复杂程度让人叹为观止。理性不过是较为晚近的人类才拥有的属性，并且并没有强大到能揭示无意识的规律的程度，要做到这点，尚需时日。比较起来，无意识对我们行为的影响，要远超过理性。无意识作为一种至今不为人知的力量一直在发挥作用。假如你打算待在一个狭小安全的范围内，利用科学技术获取知识，不进入猜测与假想的领域，那我们需要做的只是注意观察各种现象，并且所有的思考只针对它这些现象。当然由这种思考得出的任何结论都不可能是成熟无误的，因为在我们接触的现象背后，还有很多我们看不到的现象，或者隐约能够看到的现象。

目 录

导言：群体时代的到来

目前这个时代的演变／文明的大变革是民族思想变化的结果／现代人对群体力量的信念／信念改变了欧洲各国的传统政策／民众的崛起是怎样发生的，发挥威力的方式／群体力量的必然后果／除了破坏群体力量起不到别的作用／衰老文明的解体是群体效应的结果／对群体心理学的普遍无知／立法者以及政治家研究群体的必要性。

文明变革前的大动荡，如罗马帝国衰亡以及阿拉伯帝国的建立，乍看似乎是某些政治原因或外敌入侵导致的。不过在深入细致的研究后，就不难发现在这些表面因素下，普遍存在人民思想发生巨大深刻变化的现象。真正的历史大动荡，往往并非那些让人惊心动魄的宏大事件。导致文明发生翻天覆地变化的唯一因素是人民思想、观念与信仰的内在改变，而那些引起注意的重大历史事件，只是人类思想悄无声息的变化的可见结果。之所以这些重大事件罕见，因为人类一代代传下来的思维结构是稳定的。

当下的时代，正是人类社会思想转型过程的关键时期之一。这种转型有两个基本原因：首先是宗教、政治以及社会信仰的坍塌，要知道我们的文明正是植根于这些信仰的。其次是现代科学和工业带来的种种发现，诞生了全新的社会生存与思维环境。

旧观念尽管已经没落，却依然顽强并拥有强大的力量，而取代旧观念的思想还在萌芽，当下时代处于混乱的过渡状态。

这样一个混乱的时代最终会演变成什么样，目前很难断言。之后，社会将会建立在怎样的观念之上？我们不得而知。但能清楚的是，未来社会无论以什么样的模式组织建立，都必须要考虑一种全新的力量、一股无法忽视并且最终会延续下去的强大力量——群体力量。在那些曾经被视为理所当然、如今已经衰亡或正在衰亡的诸多观念之上，这股唯一可以取而代之的新兴力量，看来注定要在不久的将来与其他力量结合在一起。当我们悠久的信仰崩坏之时，当古老社会之支柱一根根倾倒后，群体的力量势必会成为无可匹敌、声势浩大的力量。我们即将进入的，注定会是一个群体的时代。

仅仅在一个世纪前，欧洲各国的传统政策和君主们的对抗还是各种事变的主要因素。民意是可有可无的。如今，那些曾经得到认可的传统、统治者的个人倾向以及他们之间的对抗，再也不起作用，民众的声音越来越不可忽视。民众声音向君主们传递群众的需要，使得这些传统的统治者不得不认真回应这个声音所表达的诉求。目前，影响民族未来命运的是群众的内心，而不是君主们的国务会议。

民众各个阶层的民众已开始参与政治生活，事实上，民众日益成为一个统治阶层，这是目前过渡时期最显著的特征。很长一段时间里，普选权的实行没有产生多大的影响，所以它并不是人们以为的那样，是政治权力转移过程中非常明确的特征。群众势力的壮大，首先是新观念广泛传播，并日渐在民众头脑里生根发芽，个体逐渐结成社团，力图实现一些理念。结社群众掌握了一些观念，这些观念与他们利益攸关，即使这些利益并不一定正当，却给出了鲜明的界限，并使群众意识到了自己具有的力量。群众现在成立了各种联合会，让一个个传统的政治权力俯首称臣；他们通过成立工会组织，开始不顾经济规律，试图支配劳动力与收入分配；他们进入支配政府的议会，而议员则非常缺乏主动性和独立性，几乎堕落成了选举他们的委员会的传声筒。

今天，群众的要求越来越明确，好像一定要把这个社会完全摧毁似的，而他们的观点和原始共产主义有着千丝万缕的联系，这种共产主义只有在人类文明露出曙光前，才属于人类社会的正常状态。限制工作时间，把矿山、铁路、工厂以及土地实行国有化，平均分配产品，为了广大群众利益消灭上层阶级等等——这就是群众要求的内容。

群众缺乏推理能力，却急于行动。他们组织起来后获得了巨大的力量。那些促使这类组织产生的教条，实际上也会很快和旧教条一样具有威力，也就是说，将拥有不容讨论的专横。群众的神权即将取代国王的神权。

一些和中产阶级关系紧密的作家的表现，非常鲜明地体现了这个阶级比较褊狭、故步自封的思想观念、肤浅的怀疑主义以及显得过分自私。他们为看到这种新势力的壮大而惊慌失措。为了对抗人们混乱发热的头脑，他们开始朝过去被他们唾弃的教会道德势力发出绝望的呼吁。他们谈论科学的破产，满心忏悔地转向罗马教廷，用启示性真理告诫我们。但他们这些新的皈依者不知道为时已晚。他们的忏悔即使打动了神灵，也不可能对人们的头脑带来任何影响，因为群众早已不再关心这些新的皈依者。如今的群众已经抛弃了那些曾经劝说他们相信的人，并用自己的行为毁灭了诸神。无论什么力量，无论是神还是人，都无法让河水流回到源头。

但科学没有破产，科学从来没有陷入目前这样的无政府状态，从这种无政府状态中诞生的新势力与科学无关。科学许诺给我们的是真理，至少是我们的智力足以掌握的知识，而从来没有许诺给我们幸福与和谐。我们能做的是与科学共存，因为没有谁能恢复被它摧毁的幻觉。

现在在各个国家都能看到的现象，向我们证明群体势力的迅速壮大，根本不在乎你是否认为它会很快就停止增长。无论会有什么样的结果，我们都不得不接受这种新的趋势。企图反对它的努力都徒劳无益。群众势力的出现，很可能标志着西方文明最后阶段的到来，有可能导致无政府的混乱，但这也是每一个新社会诞生的前奏。那么，这种结果能够被阻止吗？有史以来，摧毁一个破败文明都是群众最明确的任务。历史告诉我们，当文明赖以建立健全的道德要素丧失了权威，这个文明的解体通常都是由无意识的野蛮群体来完成的，因此他们也被不无道理地称为“野蛮人”。创造与领导文明的，从来都是少数知识贵族而非群体。群体拥有的只是巨大的破坏力。这种破坏力的趋向总是回到野蛮阶段。拥有复杂缜密的典章制度、从依靠本能进入依靠理性做出规划的文明，属于人类文化的高级阶段。历史上群众无一例外地证明——靠他们，文明是不可能实现的。群众力量具有纯粹的破坏性，因此这种力量的主要作用很像加速死亡以及分解尸体的细菌。每当一个文明摇摇欲坠，促使它崩塌的总是群众。只有此时，群众的使命才是明确的。这样的时刻，人数的多寡才是唯一的历史法则。

我们的文明是否有类似的命运？这样的担心并非毫无依据，只是现阶段我们还无法给出答案。

无论如何，我们都注定了要屈从于群体力量，原因就是群体目光短浅，把所有可能阻碍其发展的障碍和迫使其遵守的规则全都清除了。关于正在成为热门话题的群体，我们知之甚少。专业心理学研究者和它们相距甚远，并且对其视而不见，因此当这些学者注意到犯罪群体时，却认为值得研究的仅仅是他们。犯罪群体的存在毋庸置疑，但还有英勇无畏以及别的各种各样的群体。群体犯罪只是其中特殊的心理现象。无法仅通过对犯罪群体的研究来了解群体的精神构成，就如同不能通过对个人犯罪的描述来了解个人一样。

事实上，任何伟大人物、所有宗教与帝国的缔造者、那些信仰的使徒以及杰出的政治家，甚至说得再简单点，一个团伙的小头目，都是不自觉的心理学家，对于群体的性格有本能却十分可靠的了解，正是靠着这种了解，他们才能很容易地确立自己的领导地位。拿破仑就是对其国家的群众有着了不起的洞察力，但很多时候对别的种族的群体心理缺乏了解。正是这种无知导致他入侵西班牙尤其是俄罗斯，最终陷自己于失败境地。如今，对于害怕继续统治群体（这正变得十分困难），只求不要过于受群体支配的政治家，群体心理学知识成为最后的资源。稍微对群体心理有所了解的人，就能知道法律和制度对他们的约束不值一提，也就能理解群体是不会坚持自己的意见的。因此想要领导他们，不能依靠所谓的平等原则，而要找到能让他们动心、能诱惑他们的东西。举例说，一个想要实行新的税制的立法者，是否应该选择理论上最公正的方式呢？答案是否定的。实际上在群众眼里，最不公正才是最好的。只有那些既不是很清晰明了，并且造成的负担最小的方法，才是最容易被接受的。看看间接税就知道了，税率无论多高，总能被群体所接受，原因不外是每天的日常开支只需要支付很少一点税金，完全不用担心对群体造成心理伤害，可以在不知不觉中进行。如果用工资或别的收入的比例税代替，就要一次性付出一大笔钱，即使这种税制理论上相比于其他税制带来的总体负担少十分之九，也会引起动乱。原因是，一笔较大数量的钱，已经刺激了人们的想象力。一点点支付，税才不会显得太重。这样的经济手段需要一定的远见，而这是群众所无法做到的。

这是一个最简单的例子，人们容易理解其适用性，当然没逃过拿破仑这位心理学家的眼睛。可我们现在的立法者对群体的特点懵懂无知，基本没有能力理解这点。甚至他们至今也没有充分认识到，人从来都不是根据纯粹理性采取行动的。

群体心理学还有很多实际的效用。掌握了它能对历史与经济现象作出最真实的说明，否则，这些现象就会让人无法理解。即使是杰出的现代史学家泰纳[①]，对法国大革命中出现的事件的理解也是很片面的，之所以如此，是因为他没有研究群体的特性。对于这个纷繁复杂的时代，他想用自然科学的方式作为手段来描述，而不知道自然科学的研究对象是不可能存在道德因素的。但人类历史主要线索正是这类因素。

由此可见，仅仅从实践角度，群体心理学的研究就是值得的。哪怕是出于好奇心，也值得加以关注。破译人们行为的动机，和探究某种矿物与植物的属性同样有趣。对群体禀性的研究，我们所做的只能算是一种概括，是对我们研究的简单总结。这里除了提出一些建设性的观点，别无他求。其他人会为这门学科打下更坚实的基础。今天，我们不过是刚来到一片未开垦的处女地，刚刚触及其表层。

① 泰纳（Hippolyte Taine），19 世纪法国杰出思想家之一，普法战争后对法国社会和政治制度做过深刻反省。主要著作有《论知识》《艺术哲学》《当代法国的起源》《旧制度》等。——译者注

第一卷

群体心理

1. 群体的一般特征

从心理学角度看群体的构成 / 大量的个体聚集在一起并不足以构成一个群体 / 群体心理的特征 / 群体中个体固有的思想情感发生的变化以及个性的消失 / 群体总是受无意识因素的支配 / 大脑活动的消失和脊髓活动的得势 / 智力的下降和情感的彻底变化 / 这种变化了的情感，既可以比群体中个人的情感更好，也可以比群体中个人的情感更糟 / 群体既易于英勇无畏，也易于犯罪。

一般意义上，“群体”指的是个体聚集到一起，不管民族、职业或性别属性如何，也不管是什么原因导致他们聚集到一起。但从心理学角度看，“群体”却有完全不同的含义以及重要性。某些既定条件下，并且只有在这些条件下，一群人会表现出某种新特点，这种新特点完全不同于组成这一群体的个人的特点。人聚集成群后，他们的情感和思想就会转到同一个方向，他们的自主性、个性消失，只剩下一种集体心理。这种集体心理无疑是暂时的，却表现出一些鲜明特点。这些聚集成群的个体进入一种状态，因为没有更好的说法，姑且称之为一个组织化的群体，或换个也许更为可取的说法——一个心理群体。它形成了一种独特的存在，受群体精神统一规律的支配。

当然，一些人只是偶然组织在一起。这个事实并不足以使这些人获得组织化群体的特点。一千个偶然聚集到公共场所的个体，如果没有任何明确、统一的目标，从心理学角度说，这也不是一个群体。要想具备群体的特征，得有某些前提条件，我们必须对群体的性质加以确定。

自主性的消失，并且感情和思想和其他人一起转向共同的方向，是即将成为组织化群体的人们的主要特征，但这不一定总是需要一些个体同时出现在同一个地点。很多时候，在某种激烈的情绪下，比如遇到国家重大事件时，无数原本互不相关的个体也会表现出心理群体的特征。在这种情况下，一个偶然因素就足以使他们闻风而动聚集起来，立刻形成群体特有的属性。很多时候，五六个人就能构成一个心理学的群体，而几千人偶然聚在一起却不会发生这种现象。另外，虽然很难看到整个民族聚集起来，但在某些因素影响下，民族也会形成拥有共同方向的群体。

心理群体一旦形成，就会获得一些鲜明的暂时性普遍特征。除了这些普遍特征外，心理群体还会有一些附带特征，具体表现因组成群体的个体不同而不同，并且其精神结构也会不同。因此，对心理群体进行分类并不难。我们深入研究就会发现，一个异质性群体（即由不同成分组成的群体）会表现出一些与同质性群体（即具有大体相同的要素，如宗派、等级或阶层等）相同的特征。除了共同特征外，一些各自具有的特点也使这两类群体有所区别。

在深入研究不同类型群体前，必须先考察一下它们的共同特点。我们将采用自然科学家通常采用的方法，先描述一个族系全体成员的共同特点，再着手研究该族系所包含的属、种区别开来的具体特性。

群体心理不易做精确描述，因为它的组织不仅在种族和构成方式上存在不同，还因为所受刺激因素的性质与强度不同而有所区别。不过，个体心理学的研究也会遇到同样的困难。一个人性格一生保持不变的情形，只在小说里才可能发生。只有单一性的环境，才能造成单一性的性格。我曾在其他著作中指出，所有精神结构都包含各种不同性格存在的可能性，环境的突变会使这种可能性表现出来。这足以用来解释为何法国国民公会中最野蛮的成员原本都是文雅谦和的公民。在正常环境下，他们是平和的公证人，是善良的官员。并且一旦动乱结束，他们就恢复了原本的样子，成为安静守法的公民。拿破仑正是在他们中间为自己找到了最顺服的臣民。

这里不可能对群体组织程度的强弱做全面研究，我们只关注达到完全组织化程度的群体。这样我们能看到群体变化的过程以及可能性，而不是其一成不变的样子。只有在高度组织化阶段，一个种族一般来说不变的主要特征，才会被赋予某些新特点。这时，群体的全部情感和思想的变化，就会朝一个明确的方向发展。只有在这种情况下，群体精神统一律的心理学规律才开始发挥作用。

在群体的心理特征中，有的特征可能与完全孤立的个体没有什么不同之处。但有一些则完全为群体所特有，只能在群体中见到。我们首先研究的是群体的特征，并力图揭示其重要性。

一个心理群体表现出的最惊人特点是：构成这个群体的个体不管是谁，也无论其生活方式、职业、性格或智力有多大差异，当成为一个群体后，就会形成一种共同的集体心理。他们的情感、思想和行为就会变得完全不同于他们作为个体时的情感、思想和行为。正是因为群体的形成，才使得千差万别的个体有了原本不可能有的信念、情感和行动。心理群体是由异质成分形成的暂时现象，当不同的个体结合在一起时，就像细胞在整合后构成一种新生命体一样，表现出一些完全不同的特点，这些特点与单个细胞所具有的特点大相径庭。

与哲学家赫伯特·斯宾塞[①]的观点相反，在形成群体的人群中，并不存在这些人群特征的总和及平均值。实际表现出来的，是在新特点下形成的组合。就像某些化学元素，比如酸碱反应后形成新物质一样，新的组合群体所表现出来的特点不同于形成此群体的个体特性。

构成群体的个体不同于独立的个人，想证明这一点并不难，然而找出其中的原因却不容易。

想要尽可能地找出其中的原因，首先要牢记现代心理学已经确认的一个真理，即无意识现象在有机体生活中和智力活动中发挥着压倒性的作用。和无意识因素相

① 赫伯特·斯宾塞（Herbert Spencer），1820—1903 年。英国哲学家、社会学家、教育家。

比，精神生活中有意识因素只起很小作用。即使是最细心的分析家和最敏锐的观察家，充其量也只能找出一点支配人们行为的无意识动机。我们的有意识行为，主要是遗传影响下形成的无意识深层心理结构的产物。在这个深层结构中包含着祖辈遗传下来的无数共同特征，它们形成了一个种族的先天禀性。在我们的行为中，可以说明的原因后面隐藏着我们没有说明的原因，但这些没有说明的原因背后，还有其他许多连我们自己也完全不知道的神秘原因。我们大部分的日常行为，都是我们无法观察到的一些隐蔽动机产生的结果。

无意识构成种族先天禀性，尤其在这个方面，种族的成员之间有明确的相似性，而个体成员间有所不同，主要是他们性格中存在的那些有意识的方面（例如教育）的结果，但更多的是独特的遗传条件导致的。人在智力上差异虽大，但他们却有相似的本能和情感。在宗教、政治、道德、爱憎等这些属于情感领域的事件上，最杰出的人物不见得比凡夫俗子更高明。智力方面，伟大的数学家和鞋匠之间可能有天壤之别，但从性格角度看，他们的差别微乎其微，甚至毫无差别。

这些普遍的性格特征受无意识因素的支配，一个种族中绝大多数普通人在同等程度上具备这些特征。我们认为，正是这些特征构成了群体的共性。在集体心理中，个体的才智被削弱，从而使其个性也被削弱。异质性被同质性吞没，无意识占了上风。

群体通常只有普通的品质，这解释了群体为何无法完成需要高智力的工作。涉及普遍利益的决定，是由杰出人士组成的议会作出的，但各个行业专家的决定事实上并不比一群蠢人更加高明。实际上，他们通常只能用普通个人具有的平庸才智处理手头的工作。群体累加在一起的只有愚蠢而不是智慧。如果“整个世界”指的是群体，那就根本不可能比伏尔泰聪明，倒不妨说伏尔泰比整个世界更聪明。

如果群体中的个体只是把他们共有的寻常品质累加了起来，就只会带来平庸，而不会如我们所认为的创造出新的特点。这些新特点是如何形成的呢？这正是我们将要研究的。

能否产生那些为一个群体所独有、孤立的个体并不具备的特点，起决定作用的原因是很多的。首先，即使仅从数量优势考虑，群体中的个体也会感觉到一股势不可挡的力量，这使个体敢于发泄本能的欲望，而在独自一人时，个体必须克制这些欲望。个体很难约束自己不产生这样的念头：群体是个无名氏，因此不必承担责任。这样一来，群体中个体的约束力量也就彻底消失。

其次，传染性对群体特点也起着决定性作用，同时还决定了群体的倾向。传染性的存在虽然很容易确定，但要解释清楚很难。这种传染性有点像催眠，接下来我们就对此做简单的研究。在群体中，每种情感和行为都具有传染性，其严重程度足以让群体中的每个人随时都准备为集体利益牺牲个人利益。这是一种与人的天性对立的倾向，如果不是群体中的一员，个体很少会具备这样的倾向。

决定群体特点的第三个也是最重要的原因，就是和独立个体的特点相比，群体中的个体所表现的特点截然相反。我指的是对暗示的接受程度，这也是传染性带来的必然结果。

理解这种现象，必须记住心理学上的一些最新发现。这些发现告诉我们，通过不同方式，个体可以被带入丧失自主意识的状态，对暗示者表现出绝对的服从，做出一些与其性格和习惯极为矛盾的举动。细致的观察似乎已证实，长时间融入群体行动的个人，不久就会发现或者因为群体催眠的作用，或者由于一些我们无从知道的原因，进入一种特殊状态，类似被催眠师操纵下的迷幻状态。被催眠者的大脑活动被麻痹了，变成了受催眠师随意支配的无意识的奴隶。有意识的自主人格消失，意志和辨别力也不复存在。情感和思想都受催眠师的驱使。

心理群体中的个体也处于这种状态。个体对自己行为失去控制力。就像受到催眠的人一样，意识被屏蔽起来，对自己一部分能力的控制力消失，但与此同时，另一些能力却可能被强化。在某种暗示下，个体会因难以抗拒的冲动而采取某种行动。群体的这种冲动，比被催眠者的冲动更难以抗拒，这是因为暗示对群体中的所有个体有同样作用，这种相互影响会形成群体巨大的力量。在群体中，具备强大的个性、能抵制暗示的个体寥寥无几，不足以造成影响。这种巨大的群体力量只能因不同的暗示而改弦易辙。例如，有时一句顺耳的话或一个被及时唤醒的形象，便可阻止群体最血腥的暴行。现在我们知道了，个体思想和情感受暗示和相互传染影响转向一个共同方向，自主人格消失，无意识人格占据主导，以及立刻把暗示的观念转化为行动的倾向，是构成群体的个体所表现出的主要特征。群体中的个体变成了一个不受自己意志支配的玩偶。由此可见，仅仅是成为有机群体的成员，就能使个体在文明阶梯上倒退好几步。独立的个体可能是个有教养的人，但在群体中却变成一个行为受本能支配的野蛮人，甚至一个动物。群体中的个体显得身不由己，残暴狂热，表现出只有原始人才有的热情和英雄主义。和原始人更为相似的是，群体中的个体甘心让自己被各种言辞和形象所打动，而在独立存在时，根本不会受这些言辞和形象的影响。群体中的个体会情不自禁地做出违背其最显而易见的利益和习惯的举动。一个群体中的个体，不过是众多沙砾中的一粒，可以被风吹到任何地方。

正是这种原因，会导致陪审团作出陪审员作为个体时不会赞成的判决；议会会颁布每个议员作为个体时都不可能同意的法律。法国大革命时期的国民公会的委员，每个人作为个体时都是温文尔雅的开明公民，但当成为群体一员时，却不假思索地听命于最野蛮的提议，把完全无辜的人送上断头台，并且不顾自己的利益，放弃原本不可侵犯的权利，自相残杀。群体中的个体不但在行动上和本人有本质差别，在完全丧失独立性之前，其思想和情感就已发生变化。这种变化可以让一个守财奴变得挥霍无度，让怀疑论者变成信徒，让老实人变成罪犯，让懦夫变成英雄。在 1789 年 8 月 4 日那个值得纪念的晚上，法国的贵族一时激情澎湃，毅然投票放弃了自己的特权，如果让他们各自独立思考作出决定，就没有一个人会同意。

从以上所述可以得出这样的结论：群体的智力总是低于独立的个体，但从情绪以及激起的行动角度看，在不同环境下，群体的表现可以比个体表现得更好或更差。群体所受暗示的性质起着决定作用。这就是那个只从犯罪角度研究群体的作家完全没有理解的要点。群体固然经常是犯罪群体，也常常是英雄主义的群体。正是群体而不是独立的个体，会不顾一切地慷慨赴难，为一种教义或观念的凯旋提供保证；会在荣誉的驱使下赴汤蹈火；会像十字军那样在几乎全无粮草和装备的情况下，向异教徒讨还基督墓地，或像 1793 年那样捍卫祖国。这种英雄主义毫无疑问有无意识的成分，然而正是这种英雄主义创造了历史。如果人民只是以冷酷无情的方式行动，世界史上便不会留下他们多少记录。

2. 群体的情感和道德观

（1）群体的冲动、易变和急躁。所有刺激因素对群体都有支配作用，并且群体的反应会不停发生变化 / 群体不会深思熟虑 / 种族的影响。（2）群体易受暗示和轻信。群体受暗示的左右 / 它把头脑中产生的幻觉当作现实 / 为何这些幻觉对组成群体的所有个体都是一样的 / 群体中有教养的人和无知的人没有区别 / 群体中的个体受幻觉支配的实例 / 史学著作的价值微乎其微。（3）群体情绪的夸张与单纯。群体不允许怀疑和不确定 / 它们的情感总是走极端。（4）群体的偏执、专横和保守。这些情感的缘由 / 群体面对强权卑躬屈膝 / 一时的革命本能不妨碍他们极端保守 / 对变化和进步的本能敌视。（5）群体的道德。群体的道德可以比个人高尚或低劣 / 解释与实例 / 群体很少被利益的考虑所左右 / 群体的道德有净化作用。

在概括说明群体的主要特点后，还需要研究这些特点的细节。群体的冲动、急躁、缺乏理性、没有判断力和批判精神、夸大情感等特征，几乎总可以在进化程度较为低等级的生命上看到。不过这一点我只是顺便说说，对它的论证不属于本书范围。并且，这对熟悉原始人心理的人没什么用处，也很难让对此事一无所知的人相信。

现在，我们就根据次序讨论大多数群体中都能看到的不同特点。

1）群体是冲动、易变和急躁的

在研究群体基本特点时我们说过，无意识动机对群体起着绝对的支配作用。因为群体的行为主要不是受大脑，而是受脊椎神经的影响。在这个方面，群体与原始人非常相似。就表现而言，群体的行动可以十分完美，然而并不受大脑的支配，群体中的个体是按照其所受刺激因素来决定自己行为的。所有刺激因素都对群体有控制作用，并且群体的反应会不停变化。群体是刺激因素的奴隶。独立的个体像群体中的个体一样，也受刺激因素影响，但其意识会表明，冲动行事是不足取的，因此他会约束自己。用心理语言学表述如下：独立的个体具有主宰自己行为的能力，群体则缺乏这种能力。

让群体所服从的各种冲动可以是豪爽或残忍、勇猛或懦弱，但总是极为强烈，因此个人利益，甚至生命利益也难阻止他们。刺激的因素多种多样，群体总是屈从于这些刺激，因此也极为多变。这解释了为什么群体可以在转眼间就从血腥的狂热变成极端的宽宏大量和英雄主义。群体很容易做出刽子手的举动，同样也很容易慷慨就义。也就是说，群体会为了每一种信仰的成功而不惜舍生取义。想了解群体在这方面能做什么，不必回顾英雄主义时代。在起义中的群体成员从不吝惜自己的生命，就在不久以前，一位突然名声大噪的将军①，可以轻而易举地找到上万人，只要他一声令下，他们就会为他

① 指布朗热将军。——译者注

的事业牺牲性命。

不要指望群体会做任何预先策划。群体可以被最矛盾的情感所反复激发，又总是受眼前刺激因素的影响。群体像被风暴卷起的树叶，朝着每个方向飞舞，然后落在地上。在下面研究革命群体时，我们会举出一些群体情感多变的实例来证明这些特点。

群体易变性使他们难以被统治，当公共权力落到他们手里时尤其如此。一旦日常生活中各种必要的事情不再对生活构成看不见的压制，民主就基本不可能持续，此外，群体虽然有各种狂热愿望，却很少能坚持。群体没有能力做任何长远的思考与规划。除了冲动多变，群体还像野蛮人一样，看不见也不愿承受，出现在愿望和愿望的实现之间的任何障碍，群体没有能力理解它们的存在，因为数量上的强大使其错以为自己势不可挡。与此同时，“不可能”概念也会消失。个体在独立时很清楚，孤身一人无法焚烧宫殿或洗劫商店，即使受到最强烈的诱惑也做不到，能很容易抵制不了这种诱惑。但在成为群体一员后，个体就受到人数赋予带来的力量的驱使，这样的驱使足以使其生出杀人劫掠的冲动，并且会立刻屈从于这种冲动。任何可能出现的障碍都会被摧毁。人类机体的确能产生狂热的激情，因此可以说，愿望受阻的群体所形成的正常状态，就是这种激愤状态。

种族的基本特点是我们产生一切情感的不变来源，总是会对群体的急躁、冲动和多变产生影响，正像群体会影响我们所研究的一切大众情感一样。群体无疑总是急躁而冲动的，但程度大不相同。例如拉丁民族的群体和英国人的群体就有显著差别。最近法国历史中的事件为这一点提供了生动说明。二十五年前，仅仅是一份据说某位大使受到侮辱的电报被公之于众，就触发众怒，立刻引发了一场可怕的战争①。几年后，一封告知发生在谅山的无足轻重的一场败仗的电文，再次激发人们的怒火，并导致政府立刻垮台。与此同时，英国在远征喀土穆时遭受的严重失败，却只在英国引起轻微的波动，甚至相关大臣的职位并未因此受到影响。任何地方的群体都有些女人气，拉丁族裔的女人气尤为严重，凡是赢得

① 这里指 1870 年的普法战争，其主要原因之一是普鲁士宰相俾斯麦公布了一份挑战性的“埃姆斯电报”。——译者注

他们信赖的人，命运会立刻大变。但这等于在悬崖边散步，说不定什么时候就会跌入深渊。

2）群体的轻信，容易受暗示影响

在定义群体时我们说过，群体的一个普遍特征是极易受暗示。我们还指出了在人类群体中，暗示的传染性所能达到的程度；这解释了群体情感之所以会轻易向某个方向迅速转变的原因。不管人们认为多么无足轻重，群体通常处在一种期待状态，因此很容易接受暗示。最初的暗示通过相互传染，很快进入群体中所有人的头脑，群体情感的一致倾向立刻变成既成事实。

和受到暗示控制的个体一样，进入大脑的念头很容易变成行动。无论这种行动是纵火焚烧宫殿还是自我牺牲，群体都会在所不辞。一切都取决于刺激因素的性质，而不再像独立的个体那样，完全取决于受到暗示的行动与全部理由之间的关系。后者很可能拒绝并且抵制这种刺激的诱惑。

群体漫游在无意识的领地，会随时听命于暗示，显露出不为理性的影响所动的生物所特有的激情。群体中的个体失去了判断力，剩下的只有极端轻信与盲从。在群体中，不存在不可能的事，如果想理解那种编造神话和传播捕风捉影的故事的能力，就必须牢牢记住这一点。（经历过巴黎围城的人们，可以看到群体轻信的无数事例。顶楼上一缕烛光，就立刻会被人视为向围攻者发出的信号。但是只要稍加思考就不难知道，在数里之外是根本不可能看到烛光的。）

神话之所以能轻易在群体中产生并流传，除了极端轻信，也是因为群体的想象力总是会对这些神话加以神奇的加工与曲解，让这些神话变得更加容易被接受。群体中，任何众目睽睽下发生的简单事情，要不了多久就会变得面目全非。群体是用形象来思考的，而形象本身会立刻引出一系列与之有逻辑关系或者没有逻辑关系的形象。只要想一下，有时我们会因在头脑中想到的某件事而产生一连串幻觉，就很容易理解这种现象。理性告诉我们，它们之间没有任何关系。但这对群体毫无意义，群体中的每个个体都会对此视若无睹，会把歪曲性的想象引出的幻觉当作真实的事。群体很少有耐心去区分主观和客观。群体把头脑中产生的幻象也当作现实，尽管这幻象同观察到的事实通常只有微乎其微的关系，也不会因此影响群体的情绪。

群体对事件进行歪曲的方式多种多样，这时组成群体的个体各自非常不同的倾向会发生作用。只是最终会因为相互传染，导致事件受到歪曲，统一成一个样子。群体中的每个个体最终也会有相同的状态。

对真相的第一次歪曲来自群体中的某个个体，这是传染性暗示的源头。在耶路撒冷墙上的圣乔治出现在所有十字军官兵面前之前，在场的人中肯定有人首先感觉到了他的存在。在暗示和相互传染的推动下，一个人编造的奇迹，立刻就会被所有人接受，成为群体的神话。

历史中这种集体幻觉的产生机制基本相同。这种幻觉似乎具备一切公认的真实性特点，因为这种幻觉是被成千上万人观察到的现象。若想对此进行反驳，没有必要考虑组成群体的个体的智商。在群体中智商无足轻重。从成为群体一员之日起，博学之士便失去了观察能力。

这个论点似乎说不太通。若想消除人们的疑虑，必须研究大量的历史事实。即使写好几本书，也不足以达到这个目的。

但是我们不想让读者觉得这是些没有得到证实的主

张。因此我们要举出几个实例，这些实例都是从可引用的无数事例中随便挑出来的。

下面这个实例最典型了，因为它来自使群体成为牺牲品的集体幻觉。群体中的个体既有最无知的，也有最有学问的。一名海军上尉朱利安·费利克斯在他的《海流》一书中提到了这件事，《科学杂志》也曾加以引用。

> 护卫舰“贝勒·波拉”号游弋在外海，企图找到风暴中失散的“波索”号巡洋舰。当时阳光灿烂，能见度很高。值勤兵突然发现一艘船发出遇难信号。顺着信号指示的方向探望，所有官兵都清楚地看到一只载满了人的木筏被发出遇难信号的船拖着。但护卫舰“贝勒·波拉”号上所有人都不知道，这不过是一种幻觉。德斯弗斯上将命令放下一条船去营救遇难者。在接近目标时，护卫舰“贝勒·波拉”号上的官兵看到“一群人伸着手”还“能够听到混乱的声音在哀号”。但当抵达目的地后，人们却发现不过是几根长满树叶的树枝，它们是从附近海岸漂过来的。

这个事例，可以再度清楚说明前文我们已经解释过的集体幻觉的作用机制。一方面，人们看到一个期待中的群体，另一方面，事件中存在执勤者发现海上遇难船只信号这样一个暗示。通过相互传染，这一暗示被当时的全体官兵所接受。

使眼前的事情遭到歪曲，真相被与其无关的幻觉所取代——这种情况出现在群体中，不一定需要多少人。只要几个人聚在一起就能形成一个群体，就算群体中的个体都是博学之士，离开他们的专长，同样会表现出群体所具有的特点。一旦形成群体，个体所具有的观察力和批判精神马上就会消失。

敏锐的心理学家达维先生为我们提供了一个和这个问题相关的奇妙例子，最近一期《心理学年鉴》提到了这件事。达维先生把一群杰出的观察家召集到一起，其中包括英国著名科学家华莱士先生。这些杰出的观察家审查了一件物品，并根据自己的意愿做上标记后，达维先生当着他们的面演示精神现象即灵魂现形的过程，并让他们记录下来。这些杰

> 出观察家的报告全都认为他们观察到的现象只能来自超自然手段。然而达维先生向他们表示，这不过是简单的骗术。

这份文献的作者认为："达维先生的研究中最令人吃惊的特点，不是骗术本身的神奇，而是外行目击者所提供的报告的极端虚假。"他说："显然，甚至众多目击者也会列举一些完全错误的条件关系，但其结论是，假如他们的描述被认为正确，他们所描述的现象便不能用骗术来解释。达维先生的方法非常简单，人们对他采用的这些方法不免感到吃惊。但是他具有支配群体大脑的能力：他能让他们相信，他们看到了自己并没有看到的事情。"这里我们遇到的仍然是催眠师对被催眠者的影响。可见，即使是对非常严谨，事先就要求其抱着怀疑态度的人，这种能力也可以发挥作用，它对普通群体的作用之大，由此可见一斑。

类似的例子还有很多。在我写下这些文字时，报纸上充斥着有关两个小女孩在塞纳河溺水身亡的报道。五六个目击者言之凿凿，说自己认出了这两个孩子。所有的证词如出一辙，不容预审法官有任何怀疑，于是法官签署了死亡证明。但就在为孩子举行的葬礼上，一个偶然事件使人们发现，本来以为死了的人仍然活着，并且她们和溺亡的孩子没有多少相似之处。就像前文提到的事例一样，第一个目击者本人就是幻觉的牺牲品，他的幻觉作为证词轻易就对其他目击者产生了影响。

在这类事情中，暗示的起点一般是某个人产生自多少有些模糊的记忆的幻觉，最初的幻觉一旦得到肯定，就会传染开去。如果第一个观察者特别没有主见，相信自己已经辨认出的尸体，有时会出现一些特征，比如一块伤疤，或是一些让其他人产生同感的穿着上的细节，由此产生的同感在肯定过程中变成一个核心，会征服理性理解力，窒息一切判断。观察者这时看到的不再是对象本身，而是头脑中产生的幻象。在旧事重提的报纸记录中，竟有孩子的尸体居然被母亲认错这样荒谬的事例，就是对这种认知幻觉最有力的解释。从这种现象中，你可以找到我刚刚已指出其作用的两种暗示。

另一个孩子认出了这个孩子，但他搞错了。然后又开始了没有根据的辨认过程。一件不同寻常的事发生了。在同学辨认尸体的第二天，一个妇女喊道：

天哪，那是我的孩子。

她走近尸体，观察他的衣服，又看他额头上的伤疤。这肯定是我儿子，她说，他去年七月失踪。他一定是被人拐走杀害了。

这女人是福尔街的看门人，姓夏凡德雷。她的表弟也被叫了过来，被问及时，他说那是小费利贝。住在这条街上的好几个人，也认为这个在拉弗莱特找到的孩子就是费利贝·夏凡德雷，这个孩子的同学的依据是那孩子佩戴的一枚徽章。

但是，邻居、表弟、同学和当妈的全错了。六周后，孩子的身份得到了确认。他是波尔多人，在波尔多被人杀害，又被一伙人运到了巴黎。

应当指出，产生这种误认的经常是妇女和儿童——即最没有主见的人。这些事例也向我们表明，这种目击者在法庭上会有怎样的价值。尤其就儿童而言，绝不能拿他们的证词当真。地方长官惯于说孩子不会说假话。但哪怕只有一点基本的心理学修养，他们也会知道事情恰恰相反，儿童一直在撒谎。当然，这是一种无辜的谎言，但仍是谎言。正像经常发生的那样，用孩子的证词来决定被告的命运，还不如用扔硬币的方式来得更合理。

回到群体观察力上来。我们的结论是群体的集体观察极不可靠，大多数时候这种观察的结果，是来自某个同伴个体幻觉的传染过程。各种事实证明，应当明智地认为这些群体证词的不可靠，这种不可靠甚至能够达到令人难以置信的程度。二十五年前色当一役，数千人参与了著名的骑兵进攻，但是谁在指挥这场进攻？面对那些矛盾的目击者证词，根本不可能确定是谁指挥了这场进攻。英国将军沃尔斯利爵士在最近一本书中证明，关于滑铁卢战役中一些最重要的事件，至今一直有人在犯最严重的事实错误，而这是一些由数百人证明的事实。

就一场战役而言，我们知道它是如何发生的吗？对此我们深表怀疑。我们能知道的仅仅是谁是侵略者，谁是被侵略者。德哈考特先生关于他参与过的费尔费力诺战役的一番话，可能适用于所有战役："将军们（当然是在了解了数百位目击者之后）提出他们的官方报告；勤务官对这些文件加以修改，让表述变得更明确；参谋长提出异议并在新的基础上重写一遍。随后文件被送到元帅那里，元帅审阅后说‘他们全都搞错了！’于是元帅又用一份新文件代替。原报告里的内容所剩无几。”德哈考特指出的这个事实证明，即使留下最深刻印象、观察最充分的事件，也不可能确定其真相。

逻辑学上的事实都要经过无数证人进行证实。不过群体心理学告诉我们，在这个问题上，讨论逻辑学的文章需要重写。受到最严重怀疑的事件，一定是目击者人数最多的事件。说一件事同时被数千个目击者所证实，这通常也就是在说，真相与公认的记述相去甚远。

从以上事例可以得出这样的结论，那些史学著作只能被当作纯粹想象的产物，是作者对观察有误的事实所做的无根据记述，混杂着他对结果的思考与解释。写这样的东西完全是在虚度光阴。假如历史没有给我们留下文学、艺术和不朽之作，我们对以往时代的真相便一无所知。关于那些在人类历史上发挥过重大作用的伟大人物，如赫拉克利特[①]、释迦牟尼或穆罕默德的生平，我们有一句真实的记录吗？极可能一句也没有。不过实事求是地说，他们的真实生平对我们也无关紧要。我们想要知道的是伟人在大众神话中呈现出的形象。打动群体心灵的是神话中的英雄，而不是一时的真实英雄。

很不幸，神话虽被清楚记录在书中，本身却无稳定性可言。随着时光流逝，尤其是由于种族的缘故，群体想象力在不断改变着这些神话。《旧约全书》中嗜血成性的耶和华与圣德勒莎[②]所爱的上帝有天壤之别；在中国受到崇拜的佛祖，与印度人所尊奉的佛祖没有多少共同点。

英雄神话因为群体想象力而改变，英雄离我们而去并不一定需要数百年之久，有时甚至就在几年之内。在我们这个时代，历史上最了不起的伟人的神话，不到五十年就有数次改变。在波旁家族的统治下，拿破仑成了田园派和自由主义者的慈善家，一个卑贱者的朋友。

---

① 赫拉克利特（Henacleitua），约公元前540—约前480年。古希腊哲学家，最早提出世界受“逻各斯”也就是“理性”支配。——译者注

② 圣德勒莎，1873—1897，法国著名天主教修女。死于肺结核。著有书信体《灵魂经历》一书。——译者注

在诗人心中，拿破仑注定要长存于乡村人民的记忆之中。但三十年后，这位步态安详的英雄变成了嗜血成性的暴君，在篡夺权力并毁灭了自由之后，仅仅为了满足自己的野心，便让三百万人命丧黄泉。今天，这个神话又在发生变化，至于最终会变成什么样，谁也无法断言。设想数千年后的博学之士，面对这些自相矛盾、破绽百出的记载，也许会对历史上是否真有这位英雄表示怀疑，正像现在有人怀疑释迦牟尼一样。从拿破仑身上，未来的人只会看到一个光彩照人的神话或一部赫拉克利特式传奇的演变。我相信对这种缺乏确定性的情况，未来的人无疑会很容易心安理得，因为和今天的我们相比，那时的人更能明白群体的特点和心理。他们知道，除了神话外，历史并没有多少能更好地保存其记忆的方法。

3）群体情绪的单纯和夸张的特点

在情感上，就像在其他许多方面一样，身处群体中的个体类似于原始人，不管是好是坏，情感表达的突出特点就是简单夸张。因为原始人不能作细致区分，只能从整体上去看待一个事件，更看不到其中存在的过渡状态。群体情绪的夸张也受到另一个事实的强化，即不管什么情感，一旦表现出来，通过暗示和传染的方式非常迅速地进行传播，它所明确赞扬的目标就会力量倍增。

群体情绪的简单和夸张的结果，必然是对怀疑和不确定性的浑然不知。它就像女人一样容易陷入极端。任何质疑一旦说出来，马上会成为证据而不容辩驳。不喜欢和反对的观点，如果发生在独立的个体身上，不会有什么力量，但发生在群体中的个体身上，却能立刻变为可怕的愤怒。

这种群体情感的狂暴，在异质性群体中，会因责任感的彻底消失而强化，显得更加狂暴。法不责众，一旦意识到肯定不会受到惩罚，加上因为人多势众而一时产生的力量感，会使群体表现出一些独立的个体不可能有的情绪和行为。在群体中，傻瓜、低能儿和心怀妒忌的人摆脱了自卑无能感，感觉自己有了一种残忍、短暂且巨大的力量。

很不幸，群体常常把这种夸张用于某些恶劣情感。这些恶劣的情感是人的原始本能残留的结果，独立而负责的个体因为受制于道德与法律规则，总是能对这种禀性加以约束，而群体不会，群体总是会很容易做出极端恶劣的行为。

不过，这并不代表在某种巧妙的影响之下，群体不会表现出英雄主义、献身精神等崇高美德。有时候群体甚至比独立的个体更能做出高尚行为。我们开始研究群体道德时，很快就会回到这个话题上来。

因为群体习惯于夸大自己的情感，因此通常只会被极端情感打动。企图煽动群体的演说家，一般都会采取出言不逊之类的粗俗粗暴方式。往往信誓旦旦，夸大其词，并不断重复，不会通过道理证明自己是对的，这是公众集会上的演说家惯用的伎俩。

另外，对心中崇拜的英雄，群体也会诉诸极度夸张的情感。群体中的个体会过度夸大这些英雄的行为、品质和美德。早就有人正确指出，观众需要舞台上的英雄具有现实生活中不可能存在的勇气、道德和优秀品质。在剧场中观察事物时的特殊立场，其重要性早就被人意识到了。这种特殊立场的存在毋庸置疑，却与一般原则以及逻辑甚至常识不相符。用来吸引群体观众的艺术品位自然是低下的，不过也需要特殊才能才可以获得成功。对于一部戏剧，单单阅读剧本是不可能了解的，更无法判断其是否会成功。剧院经理在接到一部新戏时，通常会先把自己变成观众。

因此不难理解，一些被所有剧院拒之门外的作品，有时候被偶然搬上舞台，却出乎预料地大获成功。人们都知道科佩的《为了荣誉》最近的成功。但尽管有作者名望的原因，这个剧本在过去十年里一直被巴黎主要剧院的经理拒之门外。

被所有剧院拒绝过的还有《夏莱的姨妈》，最后因为一个股票商人出资才得见天日。《夏莱的姨妈》在法国演出了一千多场。如果不做以上的解释，即剧院的经理不可能代替观众，就无法理解这些既有资格又十分小心避免这类失误的人，为何会出现判断错误。我们无法在此讨论这个话题，不过，如果熟悉剧院生活的作家同时也是细心的心理学家，这个问题倒值得费些笔墨。

对此，我们又一次有做更广泛解释的可能。我们会说明种族因素的压倒性影响。一部在某国被热捧的歌剧，在另一国却未获得成功，或只取得了部分成功，是因为它没有能产生对另一些公众有效的影响力。

群体的夸张倾向只作用于情感，对理性、智力不起任何作用。对此，我们认为无须另加说明。我们已经表明，个体一旦成为群体的一员，其智力立刻会大幅下降。关于这一点，一位有学问的官员塔尔德先生在研究群体犯罪时也证实了。群体能做到的仅仅是让其中的个体的情感大起大落。

4）群体特征中的偏执、专横和保守

群体只具有简单而极端的情感；对于提供给他们的各种观点、想法和信念，他们或者全盘接受，或者一概拒绝，要么视为绝对真理，要么视作绝对谬论。用暗示的方法加以诱导，但不是做出合理解释的信念，古来有之。这一点因经常在那些偏执的宗教信仰以及专制统治上得到充分体现而为人所知。

非此即彼，对真理与谬误不容怀疑，同时，还感受到自己强大的力量，群体便为自己赋予了专横的性质。独立的个体可以认可矛盾的存在，并希望通过讨论达成妥协，但群体是绝对不会这样做的。在公众集会上，演说者哪怕做出最轻微的有悖于群体的行为，立刻就会招来怒吼和粗野的叫骂。在一片嘘声和驱逐声中，演说者很快就会狼狈地败下阵来。假如现场缺少当权者权威性的约束，触犯群体的人甚至会被残暴地打死。

专横和偏执是一切类型群体的共性，但其强度各有不同。在这里，支配人们情感和思想的基本种族信念会一再表现出来。尤其在拉丁民族的群体中，专横和偏执能发展到无以复加的地步。事实上，专横与偏执这两种极端情绪，在拉丁民族群体中的发展已经彻底破坏了盎格鲁——撒克逊人所具有的强烈的个人独立性。拉丁民族的群体只关心他们所属宗派的集体独立性，对待任何不同于这种独立性的见解，都会采取强制手段强迫对方放弃自己的独立见解，并接受属于他们群体的信仰。对于何为自由，拉丁民族自宗教法庭时代以来，各个时期的雅各宾党人就从未有过别样的理解。

群体对于专横和偏执的情感，通常都会有明确的认识。他们很容易产生这种情感，而且只要有人稍微煽动一下，他们就会随时将其转化为行动。对强权总是俯首帖耳的群体，很少会为仁慈所动，他们会把仁慈善良看作软弱可欺，对任何让步都得寸进尺。他们从不会听命于温和宽厚的主人，主人稍微流露出的同情都会引来他们的轻蔑，他们只会屈从于残暴的暴君，甚至会为暴君塑起最壮观的雕像。不错，他们喜欢践踏被他们剥夺了权力的专制者，但那是因为专制者失去了权力。曾经的专制者受到蔑视是因为不再拥有让人害怕的权力、权威。群体永远都喜欢像恺撒那样的英雄。恺撒的权杖吸引着他们，恺撒的权力威慑着他们，恺撒的利剑让他们心怀敬畏。

群体随时会欺凌弱者，而对强权则低声下气。如果强权时断时续，而被极端情绪左右的群体便会反复无常，时而无法无天，时而卑躬屈膝。

然而，如果以为群体中的革命本能处在主导地位，那就完全是对群体心理的严重误解。在这件事上让人们上当的，是把群体的暴力倾向误当作革命意愿。群体的反叛和破坏行为的爆发总是十分短暂，强烈受到无意识因素的支配，因此很容易迅速屈从于世俗的等级制，本质上会倾向于保守。如果任其为所欲为，群体很快就会对混乱感到厌倦，本能地渴望秩序从而接受被奴役。当波拿巴对一切自由采取强硬的压制手段后，在他用铁腕让每个人都感到切肤之痛时，那些对他发出欢呼的正是最桀骜不驯的雅各宾党人。

不对群体深刻的保守本性有所了解，就难以理解历史上的动荡，尤其是民众的革命。不错，群体可能希望改朝换代，为了取得这种结果，他们会毫不犹豫地发动暴力革命。不过所有旧制度的存在，本质上都反映了群体对等级制存在的需要，因此任何群体最后都会服从权威制度。群体的多变，只会影响社会的表层。群体中的个体实际上像原始人一样，有顽固的保守本能，对传统的迷恋与崇敬是绝对的；而对那些可能改变自己生活基本形式的新事物，都有本能的恐惧与抵触。纺织机以及蒸汽机的发明并被运用到工业生产中，还有铁路时代的到来，如果当时的民主派拥有今天的权力，这一切都不可能实现，就算实现至少也要付出不断杀戮和革命的代价。对于文明的进步而言，值得庆幸的是，只是在伟大的科学发明和工业出现后，群体才开始掌握权力。

5）群体道德的特征

“道德”一词如果是指对社会习俗持久的尊重，对个人欲望与私心冲动的限制，那么显然群体是缺乏道德的。群体太容易冲动、太多变。但如果把那些偶尔表现出来的品质如舍己为人、自我牺牲、不计名利、献身精神和对平等的渴望，也归属“道德”范畴，那么我们可以认为，群体经常会表现出很高的道德境界。

少数心理学家在研究群体心理时，只着眼于群体的犯罪行为。在经常目睹犯罪行为由群体实施后，他们由此认定，群体的道德水平十分低劣。

这种情况当然存在。但导致这种情况存在的原因是什么？我想这是因为我们从原始时代那继承下来了野蛮和破坏的本能，这种本能残存在我们每个人身上。在现实生活中，一个独立的个体想要去满足这种本能是危险的，但成为一个不负责任的群体的成员后，不会受到惩罚的感觉就会使其身上野蛮的破坏性本能被释放。很多时候，在生活中我们不能向同胞发泄这种本能，就发泄在动物身上。现代人类对群体捕猎所表现出的热情与捕猎行为中的凶残，与上述本能来自同一渊源。群体会折磨没有反抗能力的牺牲者，看着他们慢慢死亡，表现出一种懦弱者的残忍。在哲学家看来，这种残忍与几十个猎人聚集成群，用猎犬追捕和杀死一只可怜的鹿时表现出的冷酷残忍有密切关系。

群体可以毫无同情怜悯，杀人放火、无恶不作，也能做出独立个体无法做到的献身、牺牲和不计名利的崇高行为。荣誉、爱国对群体中的个体最具影响力，而且经常能让他们毫不犹豫地献出生命。像十字军东征和1793年的志愿者这类事例，历史上比比皆是。这种献身精神往往是只有群体才具有的。群体会为了一知半解的信仰、观念和只言片语而英勇赴死！那些不断举行游行示威的人群，很可能仅仅是为了服从一道命令，而不是为了增加一点养家糊口的薪水。私人利益几乎是独立的个体唯一的行为动机，却很少成为群体的强大动力。在群体智力难以理解的多次战争中，支配群体行为的不可能是个人利益——在这类战争中，他们心甘情愿被人屠杀，表现很像被猎人施了催眠术的小鸟。

在无恶不作的罪犯群体中，也常出现类似现象，仅仅因为是群体的一员，他们就会表现出严格的道德纪律。泰纳提醒人们注意一个事实，“九月惨案”的罪犯并没有把从牺牲者身上找到的钱包和钻石据为己有——这是他们本来很容易就能做到的——反倒把这些掠夺来的东西放在了会议桌上。1848年革命期间，短暂占领了杜伊勒利宫的群众并没有染指那些原本是该让他们的贪婪欲望爆发的物品，要知道其中任何一件都能换来很多天的面包。

群体对个人的道德净化作用，肯定不是常规，然而却是一种经常会出现的现象。甚至不是在刚才提到的那样的环境下，也可以看到这种现象。我们前面说过，剧院里的观众要求作品中的英雄有夸张的美德，而在任何一次集会上，原本品质低下的成员也会表现得严肃认真。那些放荡不羁的人和社会底层粗俗的人，在某些场合的交谈中会变得细声细语，虽然这种方式完全不符合他们的习惯，那些场合对他们也构不成任何危险。

群体经常放纵自己的本能欲望，但也会树立崇高的道德典范。如果把不计名利、绝对顺从和献身于无论是真实还是虚幻的理想也归入美德范畴，那么群体通常不但具备美德，而且所达到的高度，即使是最聪明的哲学家也难以望其项背。尽管群体通常是在无意识下展现这些美德，但这不影响大局。我们不该对群体求全责备，说他们经常受无意识因素的左右，缺乏理性。要知道有时候不得不相信，如果群体中的个体开动脑筋理性思考自身当下利益，我们的星球上也许根本就不会出现文明，人类也不会拥有自己的历史。

3. 群体的观念、推理与想象力

（1）群体的观念。基本观念和次要观念 / 相互矛盾的观念为何能够并存 / 高深的观念必须经过改造才能被群众所接受 / 观念的社会影响与其是否包含真理无关。（2）群体的理性。群体不受理性的影响 / 群体只有十分低下的推理能力。群体所接受的观念只有表面上的相似性或连续性。（3）群体的想象力。群体有强大的想象力 / 群体只会形象思维，这些形象之间没有任何逻辑关系 / 群体易受神奇事物的感动，神奇事物是文明的真正支柱 / 民众的想象力是政客的权力基础 / 能够以事实触发群体想象力的方式。

1）群体观念的性质

在前一本研究群体观念对各国发展影响的著作[①]里我已经指出，每一种文明都是由为数不多的几个基本概念形成的。我们说明了这些基本观念在群体心中根深蒂固的程度，想要改变这些基本观念会有多么困难，以及这些基本观念一旦得到落实所具有的强大的力量。我们还证明了，历史上的历次大动荡，都是这些基本观念遭到改变引发的结果。

在已经用大量篇幅讨论这个问题后，我们现在不想旧话重提。这里我们只想简单谈谈能被群体所接受的观念，以及他们是如何领会这些观念的。

---

① 这里指勒庞的《民族演化的心理规律》一书，出版于1894年。1898年英文版出版时，更名为《民族心理学》。——译者注

这些观念可以分为两类。一类不属于基本观念范畴，它们会随着环境的改变而改变，如那些只会引起个人或某种理论注意并为之着迷的观念；另一类属于基本观念范畴，因地域、遗传规律和公众习俗等因素具有极大的稳定性。例如传统宗教观念、以及如今的社会主义和民主观念，都属于这个范畴。如今，那些曾经被我们父辈视为人生支柱的伟大观念正摇摇欲坠，已经失去了曾经的稳定性，同时，建立在这些基本观念上的社会制度也开始坍塌。每天都会有我前面说的转瞬即逝的观念大量涌现，但是它们大部分缺乏生命力，无法持久地带来影响。

无论给群体提供什么观念，只有当这些观念具有绝对的、毫不妥协和简单明了的形式时，才能产生有效影响。因此这些观念都会披上形象化的外衣，也只有以这种形式，它们才能被群众接受。这些形象化的观念之间，没有任何逻辑上的相似性或连续性，它们可以随意被相互取代，就像从幻灯机中取出一张又一张叠在一起的幻灯片一样。这说明了为什么相互矛盾甚至相互抵触的观念能在群体中同时流行。随着时机变化，群体会根据理解力，在某一个时刻受某种观念的影响，因此做出大相径庭的事情。群体从来就不具备批判精神，因此也不可能察觉矛盾的存在。

这并非群体所特有的现象。许多独立的个体，不只是野蛮人，而且包括在智力的某方面与之相近的现代人，例如狂热的宗教信徒，这种现象在他们身上表现得就非常明显。我就曾看到那些在欧洲大学接受教育并拿到文凭的有教养的印度人身上，令人费解地表现出这种现象。他们一成不变、基本的传统观念或社会观念中植入了部分西方理念。在不同场合，他们会根据需要或这一套或那一套地转换观念使用，伴以相应的言谈举止，这让同一个人显得极为矛盾。不过，这种矛盾的现象与其说真正存在，还不如说只是一种假想。因为只有世代相传的观念才能对独立的个体产生足够的影响，成为其行为动机的驱动力。只有当个体因为不同种族间的通婚而面对不同传统时，其行为才会真正时不时地表现得截然对立。这些现象虽然对心理学很重要，但在这里没必要过于深究。我们的观点是，要想充分理解这些现象，至少需要花十年在世界各地进行观察。

只有形式简单明了的观念，才会被群体轻易接受，因此任何针对群体的观念，都必须经过一番改造，才能变得通俗易懂，为了与群体低劣的智力水平相匹配，往往需要对它们进行非常深刻的改造。这些改造取决于群体或群体所属的种族性质，不过通常的方式是低俗化、简单化。这说明了一个事实，即从社会角度看，现实中很少存在等级制，也就是说，很少存在有高下之分的观念。一种观念，不管刚出现时多么伟大或正确，仅仅因为进入群体智力的范围并开始对群体产生影响，其中高深或伟大的成分就会被迅速剔除。

从社会的角度看，一种观念的固有价值并不重要，重要的是它对社会产生的效果。中世纪的基督教观念，20 世纪的民主观念，或今天的社会主义观念，都算不上十分高深。但从哲学层面来说，它们却威力巨大，在未来很长一段时间里都将是决定各国兴衰的基本因素。即使一种观念经过比较彻底的改造，能被群众接受，也只有在转化成情感，进入无意识领域，才会产生影响，这需要一段很长的时间，其中涉及的各种过程，将在下文加以探讨。

不要以为，一种观念仅仅因为正确，就至少能在有教养者的头脑中产生作用。只要看看历史上那些确凿无误的事实证据对大多数人来说影响力有多么微弱，就能明白这个道理。摆在眼前的可信证据，也许会被有教养的人所认可，但信徒则会很快就被无意识的自我重新拉回到他原来的观点。要不了多久，这些信徒就会无视眼前确凿无疑的事实证据，而重新回到旧的观念，用同样的言辞表达自己对旧观念的坚信。要知道，那些观念已经成为其情感的一部分，只有这种观念才是影响着我们的言行举止最隐秘的动机。无论是个体还是群体，概莫能外。

当观念通过各种方式深入到群体头脑中，并产生了一系列效果时，所有与之对抗的企图都是徒劳的。引发法国大革命的那些哲学观念，花了将近一个世纪才深入人心。可一旦它变得根深蒂固，其威力就不可抗拒。整个民族为了社会平等、为了实现抽象的权利和理想主义的自由不惜付出任何代价，从而导致全欧洲的王室都开始摇摇欲坠，西方世界陷入剧烈动荡中。在二十年的时间里，各个国家都在寻求解救的方法，整个欧洲出现了连成吉思汗看了也会心惊胆战的大屠杀。有史以来，世界还从未曾因为一种观念的传播，而引起如此大规模的悲剧性动荡。

让观念在群众头脑中扎根，需要很长时间，而根除它们所需要的时间也许更长。就观念而言，不同于智者和哲学家，群体对它们的接受与转变往往需要好几代人。今天所有的政客都心知肚明，我刚才提到的那些基本观念中混杂着错误，然而由于这些观念和影响力依然十分强大，他们也不得不根据自己早已抛弃的观念和原则进行统治。

2）群体理性的非逻辑性

断言群体没有理性或不受理性的影响是不正确的。但是群体所能接受，并能对其产生影响的论证，在逻辑上属于十分拙劣的一类，称之为推理只能算是一种比喻。就像高级的逻辑推理一样，群体所具有的低劣推理能力同样也要借助于观念，只不过群体所采用的各种观念之间，只存在表面的相似性或连续性。群体的推理类似于因纽特人的方式，他们从经验中得知，冰这种透明物质放在嘴里可以融化，于是认为同样属于透明物质的玻璃放在嘴里也会融化；群体又像一些野蛮人，以为吃下骁勇敌手的心脏，便能得到敌人的胆量；或像一些受雇主剥削的苦力，认为天下所有雇主都是剥削他们的人。

群体推理的特点，是把只在表面上相似、本质上不同的事物混淆在一起，并把具体的事物当作是普遍性的。懂得如何操纵群体的人，提供给群体的也正是这种论证。并且，这是唯一能对群体起作用的论证方式。正确的包含了一系列环节的逻辑论证，群体完全无法理解，也就是说，群体并不推理或只会错误地推理，也不受推理过程的影响。读某些演说词，其中的逻辑漏洞比比皆是，但听众却听得津津有味，并对其深信不疑。对此，人们忘记了一点，这种演说词并不是写给哲学家的，而是用来说服群体的。与群体关系密切、深深懂得群体的演说家，知道怎样做，提供怎样的形象才能吸引并唤起群体。一旦做到这点，他也就能轻易达到自己的目的。深思熟虑、逻辑论证翔实充分的二十本著作，对群体的作用还不如几句能够说服、煽动群体头脑有号召力的话。

群体没有推理能力，因此也不可能拥有任何批判精神，也不能辨别真伪或对任何事物形成正确的判断。群体所接受的判断，仅仅是强加给他们的判断，而非经过讨论得到采纳的判断。关于判断能力，也有无数个体比群体高明不了多少。一些观点之所以轻而易举地就得到普遍赞同，更多是因为大多数人感到，他们没有能力通过推理形成自己的看法。

3）群体想象力的形象化特征

群体像所有缺乏推理能力的人一样，形象化的想象力不但强大而且活跃，一触即发。一定意义上，群体就像睡眠中的人，理性被暂时闲置，因此头脑中极易产生鲜明的形象。一个人、一件事或一次事故，就足以在他们头脑中唤起栩栩如生的形象。但只要他能够开始思考，这种形象就会迅速消失。因为群体没有思考和推理能力，所以他们不认为世上有做不到的事。他们通常会认为，最不可能的事就是最惊人的事。正是这个原因，任何一个事件中不同寻常、带有传奇性的一面，才会给群体留下深刻印象。实际上，分析一下就会发现，一种文明得以存在的真正基础，正是那些神奇的、传奇般的内容。在历史上，表象总是比真相起着更重要的作用，不现实的因素总是比现实的因素更重要。

因为只懂得形象思维，群体也只能被形象打动。只有形象才能吸引或吓住群体，成为他们的行为动机。因此，那些不管其内容，最能活灵活现地展现人物形象的戏剧表演，总是对群体有巨大的影响。在罗马民众的心里，只要有面包和宏大壮观的表演，就别无他求。正是这些虚幻的东西构成了他们幸福的实质。在迄今为止的所有时代里，这种实质很少改变。

对群体的想象力最起作用的莫过于戏剧表演。所有观众同时体验着同样的情感，这些情感之所以没有立刻变成行动，不过是因为最无意识的观众也不会认识不到，他不过是个幻觉的牺牲品，他的笑声与泪水，都是为了那个想象出来的离奇故事。然而有时因为形象的暗示而产生的情感却十分强烈，因此就像暗示通常所起的作用一样，会诱发群体倾向于立即行动。这类事件时有所闻：大众剧场的经理仅仅因为上演了一出让人情绪低沉的戏，便不得不在扮演叛徒的演员离开剧院时为他提供保护，以免受到那些对叛徒的罪恶义愤填膺的观众的粗暴攻击，尽管那罪行不过是想象的产物。我认为，我们在此看到的是群体心理状态，尤其是对其施以影响的技巧之最显著的体现。无论是现实还是虚幻的因素，对他们的影响都一样大。他们有对两者不加区分的本能倾向。

侵略者的权力和国家的权威，正是建立在群体想象力之上的。在对群体实施领导时，尤其要着眼于他们的想象力。所有重大历史事件，佛教、基督教、伊斯兰教的兴起，宗教改革、法国大革命，以及我们这个时代社会主义的崛起，都是群体想象力受到强烈影响造成的直接或间接的后果。

无论哪个时代或哪个国家的伟大政客，包括最专横的暴君，无不把群众的想象力作为权力的根基，他们统治的成功，从来就不是跟这种群体想象力对抗的结果。拿破仑曾对国会说："我通过改宗天主教，终止了旺代战争；通过变成穆斯林，在埃及站住了脚；通过成为信奉教皇至上的人，赢得了意大利神父的支持。如果我去统治一个犹太人的国家，我也会重修所罗门的神庙。"自从亚历山大和恺撒以来，大概从没有哪个伟大的人物比拿破仑更懂得如何影响群众的想象力。他自始至终着力贯彻的，就是如何对这种想象力施加影响并加以利用。无论是在胜利时，在屠杀时，还是在演说中，在他的所有行动中，他都牢记这点，直到躺在床上奄奄一息，也依然对此念念不忘。

如何影响群众的想象力呢？我们很快就会知道。这里只需说明，要想掌握这种本领，万万不可求助于理性或推理，也就是说，绝对不可以采用论证的方式。安东尼让民众反对谋杀恺撒的人，采用的办法并不是机智说理，而是用手指着面前恺撒的尸体，让民众意识到他的意志。无论刺激群众想象力的是什么，采用的形式都是以鲜明形象出现，没有任何多余的解释，顶多会伴随一个或几个神奇的事实。这可以是一场伟大的胜利、一种大奇迹、大的罪行或者大的愿景。这些都呈现在作为整体的群众面前，并保持神秘，对来源秘而不宣。相对来说，上千次小罪或小事件，是丝毫触动不了群众的想象力的，而某个大罪行、大事件却能给他们留下深刻的印象，即使其造成的危害比一百次小罪小很多。几年前，流行性感冒仅在巴黎一地便造成了五千人死亡，但民众似乎对此无动于衷。原因在于，这种真实发生的大规模死亡，并没有伴随着某个生动形象出现，对于大多数人而言，这不过是一堆枯燥的统计数字。反之，如果一次事件造成的死亡只有五百人而不是五千人，但是在一天之内集中发生在公众面前的，那么就会成为一次引人注目的事件。譬如埃菲尔铁塔的轰然倒塌，自然会对群众的想象力产生重大影响。有一艘正在穿越大西洋航线的汽轮，人们因为得不到相关消息，以为它已沉没。此事对群众想象力的影响整整持续了一周。但官方的统计表明，仅在 1894 年一年，就有八百五十艘船和二百零三艘汽轮失事。以造成的生命和财产损失而论，其严重程度远超过那艘汽轮的沉没，但群众对此却毫不关心。影响民众想象力的，并不是事实本身，而是事实发生和引起注意的方式。如果让我表明看法，我会说，必须对它们进行浓缩加工，它们才会形成一种令人瞠目结舌的形象。掌握了影响群众想象力的艺术，也就掌握了统治他们的艺术。

4. 群体信仰所采取的宗教形式

宗教情感的意义/它不取决于对某个神的崇拜/它的特点/信念的强大是因为它采取了宗教的形式/不同的例子/民众的上帝从未消失/宗教情感复活所采取的新形式/宗教形式的无神论/从历史角度看这些现象的重要性/历史上的大事件都是群体宗教情感而非独立的个人意志的结果。

我们已经证明了群体不进行推理，对观念要么全盘接受，要么全盘拒绝；对群体产生影响的那些暗示，会征服其理解力，并使之趋向于立刻把这些暗示诉诸行动。我们还证明，给予群体合适的影响，群体就会为自己所信奉的理想义无反顾，死而后已。我们也看到，群体会迅速把同情转为崇拜，并因此生出狂暴极端的情绪，而一旦厌恶了，就会立刻变为仇恨。这些概括性的说明，已经为我们揭示了群体信念的特性。

对这些信念做更细致的考察，会发现不论是在宗教信仰狂热的时代，还是如十八世纪政治大动荡的时代，它们总是采取一种特殊的形式，我除将其称为宗教情感外，再没有更好的称呼。

这种情感有简单的特点，比如对想象中某个高高在上者的崇拜，对生命赖以存在的某种力量的畏惧和盲目服从，没有能力对自己的信条进行探讨，但有传播这种信条的愿望，并倾向于把不接受这种信条的任何人视为仇敌。这种情感所涉及的不管是什么不可见的上帝、一根木头、一块石头，或者某个英雄或什么政治观念，只要有上述特点，就具备宗教的性质。可以看到，这种信念还具有超自然和神秘因素。群体会下意识地把某种神秘力量等同于一时激起他们热情的政治信条，或者某位获胜的领袖。

一个人如果只崇拜某个神，还算不上有虔诚的信仰，只有当他把自己的内心、所有的资源、心甘情愿的服从、发自肺腑的幻想和热情全部奉献给一项事业或一个人，并将这项事业、这个人当作自己思想、行动的目标与动力时，才能称其为虔诚。

偏执与妄想总是伴随着宗教情感。凡是自信掌握了现世或来世幸福密码的人，难免都会有这样的表现。聚集在一起的人受到某种信念的激励时，也会表现出这两个特点。恐怖时代的雅各宾党人，骨子里就像宗教法庭时代的天主教徒一样虔诚，他们残暴的激情也有同样的来源。

群体的信念有盲目服从、残忍的偏执以及要求狂热的宣传等等宗教情感固有的特点。这也就是说，群体的信念具有宗教的形式。受到某个群体拥戴的英雄，就是这个群体真正的神。拿破仑当了十五年这样的神，一个比其他任何神更频繁受到崇拜、更轻松地把人置于死地的神。无论是基督教的神还是异教徒的神，对处在他们掌握中的头脑，也从未实行过如此绝对的统治。

宗教或政治信条的创立者之所以能站稳脚跟，无一例外都是因为成功激起了群众想入非非的情感，他们使群众在崇拜和服从中找到了自己的幸福感，随时准备为自己的偶像赴汤蹈火。这在任何时代都概莫能外。菲兹德尔·德·古朗热在他论述罗马高卢人的杰作中正确指出，维持罗马帝国的根本不是武力，而是它所激发出的一种虔诚的敬仰之情。他写道："一种原本该受到民众憎恶的统治，竟能维持五个世纪之久，世界史上还不曾有过类似现象……帝国的区区三十个军团，竟然能让多达一亿人俯首帖耳，简直不可思议。"我认为当时民众服从的原因在于，皇帝是罗马伟业人格化的象征，他就像神一样受到了人民的崇拜。在罗马帝国疆域之内，即使最小的城镇也有膜拜皇帝的祭坛。“当时，从帝国的一端到另一端，到处都可以看到一种新宗教的兴起，新宗教的神就是皇帝本人。在基督教以前许多年里，六十座城市所代表的整个高卢地区，都建起了和里昂城附近的庙宇相似的纪念奥古斯都皇帝的神殿……其祭司由高卢各城市统一选出，是当地的首要人物……把这一切归因于畏惧和奴性是不可能的。整个民族不可能全是奴隶，尤其不可能在长达三个世纪的时间里都是奴隶。崇拜君主的并不只是那些廷臣，而是罗马；不仅仅是罗马，还有高卢地区、西班牙、希腊和亚洲。”

如今，大多数能支配人们头脑的大人物已经不再拥有圣坛，但他们的雕像还在，或者还有赞美者手里的他们的画像，以他们为对象的崇拜行为，毫不逊色于过去。只要深入探究一下群众心理这个基本问题，即可破解历史的奥秘。不管群众需要别的什么，他们首先需要一个神。

不要以为，这不过是过去时代的神话，早已被理性彻底清除。在理性与情感永恒的冲突中，失败的从来都不是情感。群众固然已经很少听到“神”或“宗教”这类词，而在漫长的岁月里，群众正是在神或宗教的名义下被奴役着。但和过去相比，在过去不到一百年的时间里，他们却从未拥有如此多的崇拜对象，甚至古代的神也无缘拥有这样多的塑像。近年研究大众运动的人应该知道，在布朗热主义旗号下，群体的宗教本能要复活是如此容易。在每一家乡村小酒馆里都悬挂着这位英雄的画像。他成了匡扶正义、铲除邪恶的象征，并被赋予了全权，成千上万的人为他献出生命。如果他的性格与他传奇般的名望不相上下，他肯定能成为伟人，并且占据相应的历史地位。

由此可见，完全没必要确定群众是否需要宗教，因为一切政治、神学或社会信条，要想在群众中扎根，都必须采取宗教的形式，从而把危险的讨论排除在外。即使群众可以接受无神论，这种信念早晚也会显现出宗教情感中所有的偏执和狂热，并很快表现为一种崇拜。实证主义者这个小宗派的演变，为我们提供了不寻常的例证。我想，发生在与陀思妥耶夫斯基这位深刻思想家名字联系在一起的虚无主义者身上的事情，很快也会发生在实证主义者身上。某位信徒在某一天受到理性之光启发，撕碎了小教堂祭坛上的神和圣人的画像，吹灭蜡烛，立刻用无神论哲学家如毕希纳[①]和莫勒斯霍特[②]的著作代替那些被破坏的物品，然后他又虔诚地点燃蜡烛。他信仰的对象变了，然而能说他的宗教情感也变了吗？

我再说一遍，除非研究群体长期采取的宗教形式，否则绝不可能理解一些十分重要的历史事件。对某些社会现象的研究，更需要着眼于心理学的角度，而不是自然主义的角度，而史学家泰纳只从自然主义角度出发去研究法国大革命，因此他往往看不到事件的起源。他对事实有充分讨论，但这并不足以能让他找出大革命的起因。事件的血腥、混乱和残忍让他惊恐，他看到了这部伟大戏剧里出现的英雄，却很少能够看到还有一群癫狂的野蛮人放纵自己的本能在胡作非为。这场革命的惨烈，这场革命的肆意杀戮，这场革命对宣传如饥似渴的需求，及其向一切事物发出的战争宣言，只有当认识到了这场

① 毕希纳，19 世纪德国无神论哲学家，因在《力量与物质》一书中把一切精神活动都解释成物理现象而著名。——译者注

② 莫勒斯霍特，德国生物学家、哲学家，其所著《生命的循环》一书，是 19 世纪重要的唯物主义文献之一。——译者注

革命不过是一种新的宗教信仰在群众心中的诞生时，才能得到准确的答案。宗教改革、圣巴托洛缪大屠杀[①]、法国宗教战争、宗教法庭、恐怖时期，都属于同类现象，都是受宗教情感激励的群众所为。人但凡怀有这种情感，必然会用火与剑去清除那些反对建立新信仰的人。宗教法庭的办法，是一切真诚而有不屈信念的人所采用的办法。假如他们采用了别的办法，他们的信念也就不该得到这样的评语了。

这些大事件，只有当群众内心想让它们发生时，才有可能发生。即使最残暴的专制者也无法制造这类事件。当史学家告诉我们圣巴托洛缪惨案是一个国王所为时，他们对群体心理的理解，表现得和君王们一样无知。这种命令当然能由一位君王发出，但只有群体的灵魂才能贯彻到那样惨绝人寰的程度。握有绝对权力专制的君主，充其量只能加快或延缓群体灵魂的显露。圣巴托洛缪惨案以及之后的宗教战争，并不完全是国王们的所作

① 1572 年 8 月 23 日在巴黎发生的对胡歌诺教派的大屠杀。起因是法王之母卡特琳娜与胡歌诺教派首领、当时的法国海军上将科里尼之间的矛盾。据估计，单单巴黎就有 3000 人在这一惨案中丧生。——译者注

所为，就像恐怖统治不全是罗伯斯庇尔、丹东[①]或圣鞠斯特[②]所为一样。在这些事件的深处，总可以找到群体灵魂的幽灵。

① 丹东（Danton），1759—1794 年。法国大革命的主要领袖人物之一，持温和立场。——译者注

② 圣鞠斯特（Saint-Just），1767—1794 年。法国大革命中极左派代表人物，生性残忍，杀人如麻。当时其名字成了恐怖的代名词。——译者注

第二卷

群体的观点与信念

1. 群体观点与信念中的间接因素

群体信念的准备性因素。(1)种族。它的影响至关重要。(2)传统。种族精神的综合反映/传统的社会意义/它在失去必要性后会成为有害因素/群体是传统最坚定的维护者。(3)时间。它建立信念,也毁灭信念/在时间的帮助下从无序走向有序。(4)政治和社会制度。错误的认识/它们的影响力甚小/各民族不能选择自己视为最好的制度/相同的制度名称下掩盖着最不相同的东西/理论上不好的制度,对某些民族却是必要的。(5)教育。关于教育影响群众的错误观点/统计学上的说明/拉丁民族的教育制度对道德的破坏作用/不同民族所提供的事例。

对群体精神结构的研究，让我们了解了群体的情感、思维和推理方式。现在，就让我们来看看群体的观点和信念是如何形成的。

这种观点与信念的决定因素有两类：间接因素与直接因素。

间接因素是指这样一些因素：这种因素能使群体接受某种信念，并使其无法再接受与容忍别的信念。这类因素为以下情况的出现打下了基础：突然会冒出一些新观念，其威力与带来的结果都让人吃惊。虽然看起来这些新观念的出现是自发性的，但这只是一种表面现象。突然爆发并被付诸行动的观念，看似突如其来，实际上背后存在着一种延续良久的准备性力量。

直接因素则是指这样一些因素：经过长时期的酝酿与准备，这些因素能够成为说服群体的资源，但必须经过酝酿与准备的过程，否则它们也不会起作用。这就是说，这些是使观念获得一定形式并能产生一定结果的因素。集体突然开始贯彻的主张，就是由这种直接因素引起的。一次骚乱的爆发，或一个罢工决定，甚至民众授予某人权力去推翻政府，都可归咎于这种因素。

在所有重大历史事件中，都可以看到这两种因素相继发生作用。这里仅以一个最令人震惊的事件为例，在法国大革命中，间接因素包括哲学家的著作、贵族的苛捐杂税以及科学思想进步等诸多要素。有了这些准备，群众便很容易被演说家的演讲及当权者敷衍的改良所激怒。

有些间接因素具有普遍性，它们是群体信念和观点的基础。这些因素就是种族、传统、时间、各种典章制度和教育。

现在我们就来研究这些因素的影响。

1）群体的种族因素

必须要把种族因素列在第一位，因为种族的重要性远超过其他因素。我在前一本著作中曾对种族做过充分研究，所以在此不需要再做详细讨论。在前一本著作中[①]，我们说明了历史上的种族有哪些特点，以及作为遗传规律的结果。种族一旦形成了自己的禀性，便具有了属于自己的力量，包括它的制度、艺术和信仰。总之，文明中种族的一切成分，都只不过是它气质的外在表现。我们指出，种族的力量还具有这样的特点，那就是没有任何要素在从一个民族传播给另一民族时，不会经历深刻变化。这一主张相当有新意。没有种族，历史就会变得不可思议。我在自己前一部著作中，用四章篇幅对它进行了阐述。读者从该书中可以看到，尽管存在那些让人上当的表象，不管是语言、宗教还是艺术，总之，文明中一切要素，都不能原封不动地从一个民族转移给另一个民族。

环境和各种事件构成一时的社会暗示性因素，它们可能产生相当大的影响，但这种影响如果与种族的暗示因素相悖，也就是说假如这种影响与一个民族世代相传继的因素背离，就只能暂时性地存在。

在本书后面一些章节里，我们还会经常触及种族

① 指作者的《各民族进化的心理学规律》。——译者注

影响这个话题。我们会说明这种影响强大到决定着群体气质的特征。这一事实造成的结果是，不同国家的群体表现出相当不同的信念和行为，受到影响的方式也各不相同。

2）传统文化对群体的作用

传统由过去的观念、欲望和情感构成。它们是种族综合作用的产物，并且对我们发挥着巨大影响。

自从胚胎学证明了时间对生物进化的巨大影响后，生物科学便发生了变化；如果这种理论更加广为人知，历史科学想必也会出现类似的变化。然而目前生物科学尚未得到足够的普及，今天的许多政客同十八世纪的学究相比，仍然高明不了多少，他们相信社会能够和自己的过去决裂，完全遵照理性之光的指引前行。

民族是在历史中形成的一个有机体，因此就像其他有机体一样，变化只能通过缓慢的遗传积累过程发生。传统支配着人的精神与行为，当人组成群体后更是如此。他们能给传统造成的变化，如我一再指出的那样，仅是一些名称和外在形式。

对此大可不必感到遗憾。因为脱离了传统，不论是民族气质还是文明，都不可能存在。因此，有史以来，人类就一直有着两大关切，一是建立某种传统结构，二是当文明成果开始分崩离析时，努力摧毁这种传统。没有传统，文明是不可能存在的；而没有对传统的破坏，文明的进步也是不可能的。困难在于如何在稳定与求变之间取得平衡。如果一个民族的传统变得过于牢固，它便不会再发生变化，于是它就像中国一样，失去改进能力。在这种情况下，暴力革命也没多少用处，因为由此造成的结果，要么是把打碎的锁链重新拼接在一起，让过去原封不动地再现；要么就是对被打碎的事物撒手不管，衰败很快会导致无政府状态。

由此可见，对一个民族来说，理想状态是既能保留过去的制度，又能以不易察觉的渐进方式加以改造。这是个非常难以实现的理想。历史上成功做到的几乎只有古罗马人和近代英国人。

死抱传统不放，顽固反对变革传统观念的正是群体。尤其是那些拥有不动产的群体。我坚持认为群体具有保守主义精神，并且指出，最狂暴的反叛最终也只会造成一些嘴皮子上的变化。十八世纪末，教堂被毁，僧侣或被驱逐出国，或殒命于断头台，人们也许认为，旧日的宗教观念已失去影响力。但没过几年，为了顺应普遍的要求，遭禁的公开礼拜制度便又建立了起来。看似已被消灭的旧传统轻易就收复了失地，和过去一样有影响。泰纳引用前国民议会议员福克罗伊的报告，最清楚地说明了这一点：

> 各地都可以看到保留礼拜日和上教堂的现象，这证明了大多数法国人希望回到他们的老习惯上去，也证明了抗拒这种天然倾向是不合时宜的。……大多数人需要宗教、公开的礼拜仪式和神父。认为有可能通过普及教育清除宗教偏见，这不过是些连我本人也一度受其误导的哲学家的谬论。宗教偏见是大量不幸的人求得安慰的来源……因此必须允许广大民众有他们的牧师、圣坛和公开的礼拜仪式。

没有任何事例足以完全展示传统对群体心灵的影响力。最不受怀疑的偶像并不住在庙堂之上，也不是宫廷里那些最专制的暴君，这些都会在转瞬之间就被打碎。

支配我们内心深处灵魂的，是一些看不见的主人，它可以安全地避开一切反叛，只在数百年的时间长河里被慢慢磨损。

3）时间对群体的影响

时间对于社会问题就像对生物学问题一样，是最有力的因素之一。它是唯一的创造者，也是唯一的毁灭者。积沙成塔要靠时间，从地质时代模糊难辨的原核细胞到高贵的人类产生，靠的也是时间。数百年的作用足以改变很多固有的现象。如果蚂蚁有充足的时间，也能把勃朗峰夷为平地。如果谁能够获取随意改变时间的魔法，他就拥有了信徒赋予上帝的绝对权力。

但这里我们只来讨论时间对群体观点形成的影响。从这个角度看，它也有巨大的作用。一些要素，譬如种族，也只能是在时间中形成。一切信仰都在时间之中诞生、成长和死亡。赋予它们力量的是时间，让它们失去力量的也是时间。

群体观点和信念由时间孕育，或者时间至少为它们准备了生长的土壤。一些观念实现于一个时代，却不能实现于另一个时代，原因就在这里。时间把各种信仰和思想的碎屑堆积成山，使某个时代能够产生出它的观念。这些观念的出现并不像掷骰子，它们都深深植根于漫长的过去。当它们开花结果时，是时间为它们做好了准备。如想了解它们的起源，就必须回顾既往。它们既是历史的儿女，又是未来的母亲，然而它们也永远是时间的奴隶。

因此，时间是最可靠的主人，为了能看到一切事物最终如何变化，只有等时间来作出决定。如今面对群众让人恐怖的抱负，以及这种抱负所预示的即将到来的骚乱与破坏，我们深感不安。要想让平衡得到恢复，只能等待，因为除了依靠时间，再无他法。拉维斯先生说："没有哪种统治可以在一夜间建立起来。政治和社会组织需要数百年才能打造出来。封建制度在建立起它的典章前，就历经了数百年的混乱。绝对君权也是存在数百年后，才形成统治的成规。等待的时期总是极为动荡的。"

4）政治和社会制度中的种族因素

制度能纠正社会的弊端，国家的进步是制度不断改进与有效统治的结果，社会变革可以靠颁布命令来实现。我始终认为这些想法仍受到普遍赞同。它们不仅是法国大革命的起点，而且是目前各种社会学说的基础。无论多少连续性的经验，也一直未能动摇上述这个巨大的谬见。哲学家和史学家想证明它的荒谬总是枉费心机，不过他们却可以毫不费力地证明，制度是观念、情感和习俗的产物，但观念、情感和习俗并不会随法典的改写而被一并改写。一个民族并不能随意选择自己的制度，就像它不能随意选择自己的头发和眼睛的颜色。制度和政府都是种族的产物，它们并不是时代的创造者，而是由时代所创造的。对各民族的统治，不是根据他们一时的奇思怪想，而是他们的性质决定了他们要被如何统治。政治制度的形成需要上百年时间，改造它也同样如此。各种制度并没有固有优点，无所谓好坏。在特定的时期对一个民族有益的制度对另一个民族也许极为有害。

实际上，一个民族并没有真正改变自己社会制度的能力。毫无疑问，借暴力革命之手，制度可以改变名称，但本质却依然如故。名称不过是些无用标签，历史学家在深入到事物深层时，很少会留意到它们。正是因为如此，英国这个世界上最民主的国家（甚至最进步的美国共和主义者都承认了这个事实。美国杂志《论坛》最近典型地表达了这种看法。我从 1894 年 12 月的一期《评论之评论》上把这段话转引如下:“绝对不应忘记，即使在贵族制最热心的敌人看来，英国也是天下最民主的国家，这个国家的个人权利受到最大尊重，个人享有最大的自由。”）反倒仍生活在君主制下，而经常表现得最嚣张、最具压迫性的专制制度，却是存在于那些尽管有共和制宪法，原属西班牙的一些美洲共和国。决定民族命运的是民族的性格，而不是民族的政府。我曾在前一本书中，通过典型事例证实了这一观点。

把时间浪费在炮制这样那样理论上貌似完善先进的宪法上，就像小孩子的游戏，纯属无知的修辞学家毫无意义的劳动。必要性和时间承担着完善宪政的责任，最明智的就是盎格鲁—撒克逊人采用的办法——让这两个因素都发挥作用。正像他们伟大的史学家麦考利告诉我们的那样，拉丁民族各国的政客应当诚心学习这种方法。他指出，法律所能带来的好处，从纯粹理性的角度看，表现为荒谬与矛盾。他对拉丁民族一拥而上制定出来的宪法文本与英国的宪法进行了比较。他指出，后者是循序渐进的产物，影响来自现实的必要性，而不是思辨式的推理：

> 从来不考虑是否严谨对称，更多是考虑它的方便实用；从来不单纯以不一致为理由去消除不一致；除非感到刻不容缓，否则绝对不加以变革；除非能消除缺陷，否则绝不进行革新；除了针对具体情况必须提供的条款外，绝对不制定任何范围更大的条款。这些原则，从约翰国王时代直到维多利亚女王的时代，一直支配着我们二百五十年的议会，使它变得从容不迫。

要想说明各民族法律和各项制度在多大程度上表达着种族的需要，没必要对其进行粗暴变革，只需要对它们逐一进行审查。例如，对集权制的优点和缺点，可以专注于哲学上的考究。但是，一个由不同种族构成的民族用了一千年时间来维护这种集权制；一场目的在于摧毁过去一切制度的大革命也不得不尊重这种集权制，甚至使它进一步强化；在这种情况下，我们就该承认它是迫切的需要，承认它是这个民族的生存条件。对于那些奢谈毁掉这种制度的政客，我们应当对他们的智力报以怜悯。如果他们碰巧做成了这件事，他们的成功立刻会带来一场残酷的内战（对大革命时期划分法国各政党的一些深刻的宗教和政治分歧，尤其是将有关社会问题的结论以及法德战争期间再次表现出来的一些分裂主义倾向作一比较，就会发现法国的不同种族还远没有融合在一起。革命时期强大的集权制和一些人为的部门，注定要把古老的省份合并起来，这是它一项有益的成就。如果让今天那些缺乏远见的头脑所热衷的分权制得到实现，就会引起最血腥的混乱。忽视这个事实，等于是对法国全部历史的视而不见），这又会是比旧政权更具压迫性的新的集权制度。

综上所述，有效影响群体禀性的方法，在制度中是找不到的，否则也不会出现这样的现象。有些国家譬如美国，在民主制度下取得了高度繁荣；而另一些国家，譬如那些原属西班牙人的美洲共和国，在极为相似的制度下，却生活在悲惨混乱状态中。应当承认，制度与一个民族的伟大和另一个民族的衰败毫不相干。各民族都受它们自己性格的支配，凡是与这种性格不合的模式，都不过是件借来的外套，一种临时伪装。当然，为强行建立某种制度而进行的血腥战争和暴力革命一直都在发生，而且还会继续发生。人们就像对待圣人的遗骨那样对待这些制度，幻想这些制度拥有能创造幸福的超能力。因此，从某种意义上来说，是制度反作用于群体的头脑，才引发了这些大动荡。然而，并非制度自身以这种方式产生了反作用，因为不管成功与失败，制度本身并不具有那样的能力。影响群众头脑的是各种幻想和词语，尤其是词语，它们的强大一如它们的荒诞。下面我就简单揭示一下词语令人吃惊的影响。

5）教育的作用

当前这个时代的主要观念中，为人们普遍接受的是这样一种观念，即认为教育能使人改变，并且是绝对的改变，甚至能赋予人以平等。这种观念被重复强调，最终成为最牢固的民主信条。如今要想击败这种观念，就像过去要击败教会一样困难。

但像在许多其他问题上一样，在教育这个问题上，民主观念与心理学和生活经验得出的结论存在难以弥合的差异。包括赫伯特·斯宾塞在内的许多杰出哲学家，早已证明教育既不会使人变得更道德，也不会使他更幸福；既不能改变人的本能，也不能改变人天生的情感；而且有时稍微出现偏差，就会害处远大于益处。统计学家为这种观点提供了佐证，他们告诉我们，犯罪随着教育，至少是某种教育的普及而增加，社会上一些最坏的敌人，也是在学校获奖者名单上有案可查的人。一位杰出的官员——阿道夫·吉约先生——在最近一本著作里指出，目前受过教育的罪犯和文盲罪犯的比率是3：1，在五十年的时间里，人口中的犯罪比例从每十万居民二百二十七人上升到了五百五十三人，即增长了133%。他也像他的同事一样注意到，年轻人犯罪增长得尤其多，而尽人皆知的是，法国为了他们，已经用免费义务制教育取代了收费制。

当然这不等于说，即使是正确引导的教育，也不会带来有益的结果——谁也没坚持过这种主张。就算教育不会提升道德水平，至少也会有益于专业技能的发展。不幸的是，尤其在过去的二十五年里，拉丁民族把他们的教育制度建立在了错误的原则上，尽管一些杰出的人物，如布吕尔、德·库朗热、泰纳等提出了意见，他们依然不思悔改。我本人在过去出版的一本书中指出，法国的教育制度把多数受过这种教育的人变成了社会的敌人，让无数学子加入社会主义者的阵营。

这种制度可能很适合拉丁民族，但这种制度的一个主要危险在于，它以根本错误的心理学理论为基础，认为人的智力是可以通过一心学好教科书来改善的。由于接受了这种观点，人们开始强化许多手册中的知识。从进入小学一直到离开大学，一个年轻人只需要死记硬背，从来也不需要他的判断力和个人主动性。所受教育对他来说就是背书和服从。

前公共教育部部长儒勒·西蒙先生写道："通过课程学习，把一种语法或一篇纲要牢记在心，重复得好，模仿也出色——这实在是一种可笑的教育方式，它只会让学生形成一种信念，即默认课本与教师的绝对正确。这种教育的结果，就是贬低自我，让人变得无能。"

这种教育如果仅仅无用，人们尚可以对孩子们表示同情，他们虽然没在小学里学到什么东西，至少知道了一些例如克洛迪奥后裔的族谱、纽斯特里亚和奥斯特拉西亚[①]之间的冲突，或动物分类之类的知识。但这种制度的危害要比这严重得多，它让服从它的人变得厌恶自己的生活状态，强烈想要逃脱出去。工人不想再做工人，农民不想再当农民，而大多数地位低下的中产阶级，除了靠吃国家饭的公务员，不想让他们的儿子从事任何别的职业。法国的学校不是让人为生活做好准备，而只是让他们为成为政府职员做准备，除此之外再无别的志向，更不需要他们有哪怕一点个性。这种制度在社会底层制造了一支无产阶级大军，他们对自己的命运愤愤不平，随时都想起来造反。在最高层，这种制度培养出一群轻浮的资产阶级，这个阶级的成员既多疑又轻信，迷信国家权力的无所不能，但又时时不忘对国家表示敌意，把自己的过错推给政府，离开了当局，他们就一事无成。

国家用教科书制造出大量拥有文凭的人，可能利用的只是其中很小一部分，另一些人则无事可做。国家把饭碗留给了先来的那些人，剩下的没有职位的人全都成

① 纽斯特里亚和奥斯特拉西亚是中世纪墨洛温王朝时代由法兰克人建立的两个王国。——译者注

了它的敌人。从社会金字塔的最高层到最低层，从小秘书到教授和警察局长，有大量挥舞着文凭的人在争抢政府各个部门的各种职位。商人想找到一个能代理殖民地生意的人难上加难，可成千上万的人却在谋求最平庸的官差。只在塞纳一地，就有两万名男女教师失业，他们全都看不起农田或工厂，一心只想从国家讨得生计。被选中的人数有限，自然就有大量的人心怀不满。他们随时会参与任何革命，不管领袖是什么人，也不管是什么目的。这也就是说，掌握一些派不上用场的知识，是让人造反的最佳办法。

这并非拉丁民族特有的现象，在中国也能看到。中国和法国一样，是一个被士大夫阶级控制的国家，在那里取得官职一样需要通过严格的考试。考试的唯一内容，就是对经典的熟练背诵。这样一支受过教育的失业大军，在今天被视为民族的灾难。同样，从英国人开始不再为教育之外的目的，仅仅为给当地民众提供教育而开放教育之时起，印度也产生了“印度绅士”这样一个特殊阶层，由于得不到当局的雇用，这个阶层便成为英国统治的死敌。对所有“印度绅士”来说，他们受到的教育无论是否与职业有关，首要结果就是降低了这些人的道德水准。我在自己的《印度的文明》一书中，用大量篇幅说明这个事实，而且其他造访过印度半岛的作家都注意到了这种事实。

显然，亡羊补牢，为时已晚。经验是最好的老师，会揭示我们的错误。只有它能够证明，必须废除我们那些可恶的教科书和可悲的考试，代之以实用有效的教育，劝导我们的年轻人回到田野和工厂，回到他们今天不惜代价逃避的殖民地事业。一切受教育的人所需要的专业教育，是我们先辈所接受的教育。今天，在靠自己意志力、开拓力和创业精神统治世界的民族中，这种教育依然强盛。泰纳先生这位伟大的思想家，用一系列篇章（下面我还会引用其中一些重要段落）清楚证明了，我们过去的教育制度与今天英国和美国的制度大体相似。他在对拉丁民族和盎格鲁—撒克逊民族的制度进行比较后，明确指出了这两种方式的后果。

不得已的情况下，人们会认为只能继续接受我们传统方式的教育，忍受这种教育方式的弊端，尽管它也许只能培养出心怀不满和不能适应自己生活状况的人，但向人灌输大量肤浅的知识，不出差错地背诵大量教科书，毕竟它能多少提高人的智力水平。但它真能提高这种水平吗？不可能！生活中取得成功的条件是判断力，是经验，是开拓精神和个性——这些素质都不是书本能带来的。教科书和字典是有用的工具，但要长久地把它们放在脑子里没有任何用处。

如何能通过专业教育提高人的智力，使它能超过传统教育的水平呢？泰纳先生这样说：

只有在自然而正常的环境中，正确的观念才能形成。要促进观念的培养，需要年轻人每天从工厂、矿山、法庭、书房、建筑工地和医院获得大量的亲身体验；他们需要亲眼看到那些工具、材料和具体操作；他们需要与顾客、工作者和劳动者在一起，不管他们干得是好是坏，也不管他们是赚是赔。采用这种方式，他们才能对那些只能通过眼睛、耳朵、双手甚至味觉等去感受到的细节有所了解。在不知不觉中仔细琢磨，在心中逐渐成形，迟早会产生一些启发，让他们开始着手新的组合、简化、创意、改进或发明，而法国年轻人恰恰在最能出成果的年纪，被剥夺了宝贵的实践机会以及很多不可或缺的学习因素，因为有七八年被关在学校，断绝了亲身体验的机会，因此对于世间的人和事，对于控制这些人和事的各种办法，无法得到直观而准确的理解。……十个人里，有九个人把他们一生中最宝贵、最重要、最具决定性的几年时间浪费掉了。他们中间有一半甚至三分之二的人，那几年是为考试而活着——我指的是那些被淘汰者。还有一半或三分之二成功得到了某种代表学历的文凭——我指的是那些超负荷工作的人。在规定的某一天，坐在一把椅子上，面对一个答辩团，在连续两小时的时间里，怀着对科学家团体即一切人类知识的活清单的敬畏，做出符合要求的正确答案——这种期望实在太过分了。在那一天的那两个小时里，他们也许正确或接近正确，但用不了一个月，他们便不再是这样。他们不可能再通过考试了。他们脑子里那些过多的、过于沉重的知识不断流失，且没有新东西补充进去。他们的精神活力衰退了，继续成长的动力枯竭了，一个得到了充分发展的人出现了，但已经筋疲力尽。他成家立业，落入生活的俗套，而只要落入这种俗套，他就会把自己封闭在狭隘的职业中，工作也许还算本分，但仅此而已。这就是平庸的生活，收益和风险不成比例的生活。而在1789年以前，法国就和英国、美国一样，采用的是相反的办法，由此得到的结果并无不同，甚至更好。

之后，一些著名心理学家又揭示了我们的制度与盎格鲁—撒克逊人的差别。后者并没有我们这样多的专业学校。他们的教育建立在专业课程上而不是死记硬背上。最典型的例子是，他们的工程师不是在学校而是在车间里训练出来的。这种办法能让每个人都充分发挥其智力潜力。如果他没有进一步发展的能力，他可以成为工人或领班，如果天资不俗，他会成为工程师。与一个人的前程取决于他在十九岁或二十岁时一次几小时考试的方法相比，这种办法更民主，对社会也更有利。

> 在医院、矿山和工厂，在建筑师或律师的办公室里，十分年轻便开始学业的学生，按部就班地经历他们的学徒期，非常类似于办公室里的律师秘书或工作室里的艺术家。在投入实际工作前，他们有机会接受一些一般性教育，因此已经准备好了一个框架，可以把他们观察到的东西储存进去，还能利

用空闲时间得到各种技能的训练，由此同他们所获得的日常经验协调一致。在这种制度下，实践能力得到了充分肯定，与学生的才能相适应，发展方向也符合未来的需要和特定工作的要求，这些工作就是他们今后要从事的工作。因此在英国或美国，年轻人很快就能走上可以发挥自己能力的岗位。到 25 岁时（如果不缺少各种材料和部件，时间还会提前），他们不但能成为一个合格的工作者，还具备了创业的能力；他们不只是机器上的一个零件，而是台发动机。在制度与之相反的法国，一代又一代人却越来越向中国看齐——由此造成人力巨大的浪费。

关于我们拉丁民族的教育制度与实践生活之间不断扩大的鸿沟，这位伟大的哲学家得出了如下结论：

在教育的三个阶段——儿童期、少年期和青年期，我们的学生为了应对考试，获得学历、证书和文凭，待在学校板凳上学理论、背教科书的时间有点过头了，而且负担过重。即使仅从应试的角度来看，采用的方法也是糟糕的，这是一种违背自然、社会规律的方法。我们的学校实行寄宿制度，采用机械式的训练和填鸭式教学，过多地延长实际学徒期，功课过重。完全不考虑未来，不考虑年轻人很快就要投身其中的现实世界，不考虑我们必须适应或提前学会适应的社会，不考虑人类为保护自己而必须从事的斗争，不考虑一个人为了立足于世界，需要提前准备、训练并且意志坚强。那种不可缺少的准备，那种最重要的学习，那种丰富的常识和意志力，我们的学校全都没有教给法国的年轻人。这不但远远没让他们获得生存所需的素质，反而破坏了这种素质。因此从他们走进这个世界之日起，他们只会遇到一系列痛苦的挫折，给他们造成难以痊愈的创伤，甚至失去生活能力。这种试验既困难又危险。这个过程对人的精神和道德的均衡产生了不良影响，甚至能否恢复都难以预料。十分突然而彻底的幻灭已经发生了。这种欺骗太严重，太令人失望了。

以上这些引自泰纳《现代政体》第二卷的话，几乎是泰纳写下的最后文字，体现了这位伟大的哲学家漫长一生的生活经验。很不幸，在我看来，我们的那些没有生活在国外的教授，对这些文字完全理解不了。教育是我们在一定程度上所拥有的影响国民心智的唯一手段。但是，几乎没有一个法国人能认识到，我们目前的教育体制是导致法国衰败的重要原因，非但没能激励我们的年轻人，反倒让他们越来越堕落，这真让人痛心。可以把泰纳这段话和最近保罗·布尔热在《海外》这部杰作中对美国教育的观察作比较。他指出我们的教育制度只会培养狭隘、没有开拓精神和意志力的资产阶级或无政府主义者，他们“是两种同样有害的文明人，只会陷入无关痛痒的老生常谈或肆无忌惮的破坏”。他接下来又进了让我们生活倒退的公立学校，与美国那种能让人为生活做好出色准备的学校作了比较，我认为这个问题太值得反思了。真正的民主国家和嘴上说民主但思想糊涂的国家之间的巨大差距，透过比较暴露无遗。

我们是否偏离了群体心理学的主题？我相信并非如此。如果我们想知道今天正在群众中酝酿、明天就会出现的各种想法和信念，就必须对为其生长提供土壤的因素有所了解。教育能使一个国家的年轻人了解这个国家的过去与未来。但我们国家为当前这一代人提供的教育，却让人灰心丧气。在改善或恶化群众头脑方面，教育至少能发挥一部分作用。因此有必要说明，这种头脑是如何由当前的教育制度培养出来的，冷漠而中立的群众是如何变成一支心怀不满的大军，随时打算接受一些乌托邦分子和能言善辩者暗示的。今天，能够找到社会主义者的地方正是教室，为拉丁民族走向衰败正在铺平道路的也是教室。

2. 群体观点的直接因素

（1）形象、词语和套话。词语和套话的神奇力量／词语的力量与它所唤起的形象有关，但独立于它的真正含义／这些形象因时代和种族而各有不同／常用词语含义多变的实例／给旧事物更换名称的政治效用／种族差别造成的词义变化／“民主”一词在欧洲和美国的不同含义。（2）幻觉。它的重要性／在所有文明的起源中都能发现幻觉／群体更喜欢幻觉而不是真理。（3）经验。只有经验能够使必要的真理在群众心中生根／经验只有不断地重复才能生效，说服群众必须付出经验的代价。（4）理性。它对群体没有任何作用／群体只受无意识情感的影响／逻辑在历史中的作用／发生不可思议的事情的秘密。

前文讨论了赋予群体心理以特定属性、以使某些情感和观念得以发展的间接性准备因素。现在，我们要开始研究直接发挥作用的因素。在下面这一章里我们会讨论，想要让这些因素充分发挥作用，应当如何运用它们。

在本书的第一部分我们研究了集体情感、观念和推理方式，据此，我们可以从影响他们心理的方法中，归纳出一些一般性原理。我们已经知道了什么能刺激群体想象力，也了解了暗示，特别是以形象的方式出现的暗示所具有的力量和强大的传染性。但正像暗示可以有不同的来源一样，对群体心理产生影响的因素也相当不同，因此必须对它们进行分门别类。群体就像古代神话中的斯芬克斯[①]，必须对它的问题给出一个心理学的答案，不

---

① 古埃及与希腊神话中狮身人面怪兽，向所有路过的人抛出一道谜语。——译者注

然就会被它吃掉。

1）形象、词语和套话的作用

在研究群体想象力时我们已看到，它们特别容易受到形象产生的印象左右。这些形象不一定随时都有，但可以利用一些词语或套话，巧妙地激活它们。经过艺术化处理后，这些形象就会具有神奇的力量，能在群体心中掀起可怕的风暴，反过来，它们也能平息风暴。因各种词语和套话而死去的人，只用他们的尸骨，就能建造一座比古老的齐奥普斯[①]更高的金字塔。

词语的威力与其所唤醒的形象有关，同时又独立于其真实含义。最含混的词语，有时反而具有更大的影响力。例如像民主、社会主义、平等、自由等，它们的含义模糊，即使一大堆专著也不足以确定其所指。然而这区区几个词语就有神奇威力，似乎是解决一切问题的灵丹妙药。各种极不相同的潜意识中的抱负及其实现的希望，全被它们集于一身。

说理与论证从来都无法战胜词语和套话。词语和套

① 公元前26世纪的埃及法老，曾建金字塔。——译者注

话是和群体一起隆重上市的，人们只要一听到它们，就会肃然起敬，屏息而立。许多人把它们当作来自自然甚至超自然的力量。它们能在人们心中唤起宏伟壮丽的幻象，正是由于含混不清，它们才拥有了一股神秘力量。它们是藏在圣坛背后的神灵，信众只能诚惶诚恐地拜倒在它们面前。

词语唤起的形象独立于它的含义。这些形象因时而异，因民族而异。但套话不会变，有些暂时的形象是对应着相关词语的：词语就像用来唤醒暂时形象的电铃按钮。

但并非所有词语和套话都有唤起形象的力量。有些词语在一段时间里有这种力量，但在使用过程中也会失去这种力量，不会再让头脑产生任何反应。这时它们就变成了空话，其主要作用是让使用者免去思考的麻烦。用我们年轻时学到的少量套话和常识把自己武装起来，我们便拥有了应对生活所需要的一切，再也不必对任何事情进行思考。

只要研究一下某种特定语言，就不难发现这种语言的词语在时代变迁中变化得很慢，但这些词语唤起的形象，或形象被人们赋予的含义，不停发生着变化。我在另一本书中说过，准确翻译一种语言，尤其是死亡了的语言，是绝对不可能的。当我们用一句法语来取代一句拉丁语、希腊语或《圣经》里的句子时，或打算理解一本二三百年前用我们自己的语言写的书时，我们实际是在用现代生活赋予我们的一些形象和观念，代替另一些过去的形象和观念——它们是古代一些种族的头脑中的产物，这些人的生活状况与我们没有任何相似之处。大革命时代的人以为自己在模仿古希腊和古罗马人，但除了把从没有存在过的含义赋予古代的词语外，他们还能做些什么呢？

古希腊人的制度与今天用同样词语设计出的制度有何相似之处？那时的共和国本质上是一种贵族统治的制度，是由一小撮团结一致的暴君统治着一群绝对服从的奴隶的制度。这些建立在奴隶制上的贵族集体统治，若没了奴隶便一天也不能存在。

“自由”这个词也是如此。在一个从未存在过思想自由，讨论城邦诸神、法典和习俗就是最不寻常的严重犯罪的地方，自由的含义与我们今天赋予它的含义有何相似之处呢？像“祖国”这样的词，对雅典人或斯巴达人来说，除了指他们各自的城邦，还能有别的含义吗？当然不可能指那个由彼此征伐不断的敌对城邦构成的希腊。对于由相互敌视的部落和种族组成的，有不同语言和宗教的古代高卢，“祖国”这个词又能有什么含义呢？恺撒之所以能轻易征服它们，正是因为他总能从中找到盟友。罗马人缔造了一个高卢人的国家，他们使这个国家形成了政治和宗教上的统一。距离现在更近一点，就在二百年前，今天法国各省对“祖国”一词的理解，可能和大孔代[①]（他和外国人结盟反对自己的君主）一样吗？然而词还是那个词。过去跑到外国的法国保皇党人，认为自己反对法国是出于气节，原因是他们认为法国已经变节，因为封建制度的法律是把诸侯同主子而不是土地联系在一起的，因此有君主在，才有祖国在。可见，“祖国”对于他们的意义，与现代人大不相同。

意义随着时代变迁发生深刻变化的词语比比皆是。

---

① 大孔代，1621—1686 年。孔代这个姓氏是法国波旁王室的主要支系之一。这里提到的大孔代曾发动反王室的叛乱，失败后流亡西班牙。——译者注

我们对这些词语的理解，只有经过漫长努力，才能理解它们在过去的意义。有人曾十分正确地说，即使想知道“国王”“王室”这种称谓对我们曾祖父一辈意味着什么，也需要做大量研究。更为复杂抽象的概念会出现什么情况可想而知。

词语的含义变化不定，随着时代和民族的改变而改变。若想以词语为手段去影响群体，就必须弄清楚某个时候群体赋予它们的含义，而不是它们过去的，以及精神状态有所不同的个人赋予它们的含义。因此，当群体因政治动荡或信仰变化，厌恶某些词语唤起的对某些事物形象的联想，而这些事物因与传统结构紧密联系无法改变时，一个真正的政治家的当务之急，就是在不损害事物本身的同时变换名称。聪明的托克维尔很久前就说过，执政府和帝国的具体工作，就是用新名称把大多数旧制度重新包装一遍，也就是说，用新名称代替可能激起群众对过去痛苦经历的回忆的名称。例如把“地租”变成了“土地税”，把“盐赋”变成了“盐税”，把“徭役”变成了“间接摊派”，把商号和行会的税款变成了执照费，如此等等。

可见，对流行用语，或至少对再没有人感兴趣、民众已经不能容忍其旧名称的事物保持警觉，是政治家最基本的任务之一。名称的威力如此强大，如果选择得当，足以使最可恶的事物改头换面，变得能被民众接受。泰纳正确指出，雅各宾党人正是利用“自由”和“博爱”这种当时十分流行的概念，才建立起堪与达荷美媲美的政权，建立起和宗教法庭相类似的审判台，干出与古墨西哥人相差无几的人类大屠杀这种“成就”。统治者的艺术，就像律师的艺术，首先在于对辞藻的驾驭。这门艺术遇到的最大困难之一，就是在同一个社会，同一个词对于不同社会阶层往往有不同含义，表面上看用词相同，其实是在说不同的意思。

以上事例说明，时间是促成词语含义发生变化的主要因素。我们再考虑到种族因素，就会看到，同一时期，在教养相同但种族不同的人中间，相同的词也经常与极不同的观念相对应。如果不是见多识广，就不可能理解这些差别，因此我不会在这个问题上纠缠。我只想指出，正是群众使用最多的那些词，在不同的民族中有最不同的含义。例如，今天使用如此频繁的“民主”和“社会主义”，就属于这种情况。

实际上，上述这些词语，在拉丁民族和盎格鲁—撒克逊民族中代表着对立的思想。在拉丁民族看来，“民主”更多是指个人意志和自主权对国家所代表的社会意志和自主权的服从。国家日渐支配一切，越来越集权、垄断并制造一切。不管是激进派、社会主义者还是保皇派，一切党派都求助于国家，而在盎格鲁—撒克逊地区，尤其是在美国，“民主”一词却是指国家意志对个人意志的依赖，国家的发展也依赖个人意志的实现，除了政策、军队和外交，国家不能支配任何事情，甚至公共教育也不例外。由此可见，同一个词，在一个民族是指个人意志和自主权对国家的从属性以及国家的优势，在另一个民族则是指个人意志的超常发展和国家的彻底服从。我在《民族演化的心理规律》中，曾用大量篇幅讨论了拉丁民族与盎格鲁—撒克逊民族在民主理想方面表现的不同。布尔热在旅行后，也在他的《海外》一书中独立得出几乎与我相同的结论。

2）幻觉与群体

自文明诞生以来，群体就处在幻觉影响之下。人们为制造幻觉的人建庙塑像，设立祭坛，使他们享受的尊荣超过所有其他人。不管是过去的宗教幻觉还是现在的哲学和社会幻觉，这种拥有无坚不摧的至高无上力量的东西，在我们星球上任何文明的灵魂中都能找到。古巴比伦和埃及的神庙，中世纪的宗教建筑，无不是为它而建；一个世纪前震撼全欧洲的一场大动荡，就是因它而发动的；我们所有政治、艺术和社会学说，全都难逃它强大的影响。有时人类以可怕的动乱为代价消除了这些幻觉，但似乎注定了还会让它们死而复生。没有这些幻觉，人类不可能走出自己原始的野蛮状态；没有这些幻觉，人类很可能很快就会回到这种野蛮状态。毫无疑问，这些幻觉不过是些无用的幻影，但正是这些人类梦想的产物，使得各民族创造出了辉煌壮丽的艺术与伟大文明。丹尼尔·勒絮尔如是说：

> 如果有人毁掉那些博物馆和图书馆，如果有人把教堂前石板路上所有那些受宗教鼓舞建起的作品和艺术纪念物统统推倒，人类伟大的梦想还会留下些什么？让人们怀抱希望和幻想吧，不然他们是活

> 不下去的。这就是存在诸神、英雄和诗人的原因。科学承担起这一任务已有五十年时间，但是在渴望理想的心灵里，科学是有所欠缺的，因为它不敢做出过于慷慨的承诺，因为它不能撒谎。

我们的祖辈已在这种幻想中生活了许多世纪，而十八世纪的哲学家热情投身于对宗教、政治和社会幻想的破坏，他们毁灭了这些幻想。幻想遭到扼杀之后，希望和顺从的源泉也就随之枯竭。人类不得不面对沉默的自然力量，而自然从不会怜悯弱小者。

哲学无论取得了多大进步，迄今仍没能为群众提供足以让他们着迷的理想，而群众必须拥有幻想，他们会不惜代价地去索取，于是他们像昆虫趋光一样，蜂拥到那些迎合他们需要的巧舌如簧者身边。对此我想说的是，推动民族演化的主要因素永远不是真理，而是谬误。如今社会主义思潮如此之强大，原因就在于它是至今仍然唯一活跃的幻想。它的主要力量源于这样一个事实，即它的鼓吹者是些无视现实从而敢于向人类承诺幸福的人。如今，这种社会主义幻觉横扫了旧时代的废墟，未来是属于它的。

群众从不需要真理，如果不合他们的意，他们会转头离去。假如对他们有诱惑力，他们更愿意崇拜谬论。凡是能为他们供应幻觉的，就会轻易地成为他们的主人。凡是让他们幻灭的，都会成为他们的仇敌。

3）经验的意义

唯一能让真理在群众心中生根、让过于危险的幻想归于破灭的有效手段，似乎只有经验。但为了达到这个目的，经验必须来自非常大的范围，而且要能多次重现。通常，经验对下一代人是没多少用处的。这就是历史事实无法作为证据的原因。历史事实唯一证明了的就是，一种广泛性的经验，即使只是想成功动摇根植于群众头脑中的错误观点，也需要一代代反复重现。

史学家会把十九世纪以及再早一些的年代，当作被奇特经验充斥的时代，任何时代都没有出现过如此多的社会实验。其中法国大革命就是最宏伟的一次实验。一个社会如果期待纯粹理性的指导，把自己完全改造一遍，必须有数百万人死于非命，法国大革命正是让欧洲陷入二十年水深火热的动荡。为了证明这点，独裁者在五十年里进行了两次破坏性极大的试验，让拥戴他们的民族遭受了惨重损失。第一次试验的代价是三百万人的死亡和一次入侵；第二次试验导致割让领土，并在事后表明常备军的必要性。此后差点还要有第三次试验，恐怕哪天就会发生。就是这样，为了让整个民族相信庞大的德国军队并不像三十年前普遍认为的那样，是支无害的国民卫队，就必须来一次让我们损失惨重的战争（在这个问题上，促使群体形成观点的是由一堆胡言乱语的拼凑。在前面我已解释过这种机制。当时的法国国民军主要由温和的小店主组成，他们纪律涣散，根本没有战斗力。但正是这样的军队让人产生错觉，以为任何冠以同样名称的军队都和法国国民军一样无害。群众的这种错觉，也产生在群众的那些领袖内心。奥列佛先生在他最近出版的一本书中提到，一位追随民意、绝不超前的政治家[①]在 1867 年 12 月 31 日的一次内阁会议上宣称，普鲁士除了一支和法国数量相等的常备军外，只拥有一支和法国相类似的国民卫队，因此无须重视）。同样，为了让人认

① 这里指梯也尔先生。——译者注

识到贸易保护会毁掉实行这种制度的民族，也至少需要二十年的灾难性试验。这种例子显然不胜枚举。

4）理性不是群体所需要的

在列举能对群众心理产生影响的因素时，根本没必要提到理性，除非是为了指出它的消极意义。

我们证明了群体不受推理影响，他们只能理解拼凑起来的观念。因此，那些知道如何影响群体的演说家，总是借助他们的情感而不是他们的理性。逻辑定律对群体一样不起作用。（影响群众的技巧几乎没必要借助逻辑，我对这种现象的第一次观察，还要追溯到巴黎围困时期。有一天，我看到一群愤怒的人把一个将军押解到当时的政府驻地卢浮，因为他们怀疑这位将军把布防计划出卖给了普鲁士人。一位政府官员——一位出色的演讲家——出来斥责那些要求立即处死这名将军的人。这位将军根本不是布防计划的参与者，并且这份所谓的计划在任何一家书店都能买到。我原以为指出指控的荒谬就足够了，但这位演说家却说："正义会得到伸张！"他宣布："正义铁面无私。让护国政府来决定你们的请求吧。在此期间我们会把他关押起来。"群众的愤怒被这种说辞平息，人群散去。将军十几分钟后就回到了家。我想如果当时讲话的人用逻辑论证来证明将军无罪，盛怒之下的群众一定会把他撕成碎片。只因为我当时年轻，才以为那种论证让人信服。）想要让群体相信什么，首先得搞清楚让他们兴奋的感情，并且装出自己也有同样情感的样子，然后用低级的组合方式，用一些耳熟能详的暗示性概念改变他们的看法，如果需要，才能够回到那个真正想要灌输给他们的观点上。这种根据讲话的实际效果来不断改变措辞的必要性，使所有演讲都不可能事先进行准备。在事先准备好的演讲中，演讲者遵循的是自己而不是听众的思路，但这会让他的演讲不可能产生任何影响。

讲究逻辑的人，习惯看到一系列缜密的论证。在向群众讲话时，他们难免会借助这种方式，在看到自己的论证对群众不起作用时，会百思不得其解。有位逻辑学家写道：“通常，建立在三段论上，也即建立在一组公式上的数学结论是不可更改的……由于这种不可更改的性质，即使演算这一组公式的是无机物，你也会不得不表示同意。”这话说得当然不错，然而群体并不比无机物更能遵循理性，他们的理解能力和野蛮人或儿童差不多。面对群体，逻辑论说方式毫无用处。

与情感对抗，理性显得苍白无力。在几百年前，没有丝毫逻辑可言的宗教迷信是多么顽强！在接近两千年的时间里，任何天才也不得不在它们的规矩前俯首称臣。只是到了现代，它们的真实性才多少受到了一些挑战。中世纪和文艺复兴时期也有不少开明之士，但没有一个人能通过理性思考认识到自己的迷信中幼稚可笑的一面，没有什么人对所谓魔鬼的罪行、烧死巫师行为的必要性表示过丝毫怀疑。

群体从来不受理性指引，是否该对此表示遗憾呢？对此我们不必贸然下结论。无可否认，是幻觉触发的激情和愚顽激励人类走上了文明之路，在这方面人类的理性没多大用处。作为支配我们的无意识力量的产物，幻觉无疑是必要的。每个种族的精神成分中都携带着命运的定律，并且由于一种难以抑制的冲动，只能服从这些定律，即使这种冲动极不合理。有时，各民族好像被某种神秘力量左右着，这种力量类似于使橡果长成橡树或让彗星运行在自己轨道上的力量。

想对这些力量有点认识，必须研究一个民族的全部进化过程，而不是这一进化过程中出现的孤立事件，否则历史就会变得仿佛是一连串互不相关的偶然事件的产物。一个加利利的木匠[①]似乎不可能变成一个持续两千年之久的全能神，并让人类最重要的文明以他为基础形成；一小撮从沙漠里冒出来的阿拉伯人，也不太可能征服原本属于希腊、罗马世界的大部分地区，建立起比亚历山大帝国领土面积还大的帝国；在已经相当发达的欧洲，各国家都已有完备制度的时代，区区一个炮兵中尉似乎也不太可能征服众多民族及其国王。

因此，还是让我们把理性留给哲人，不要过于强烈坚持让它插手对人的统治。事实告诉我们，文明的主要动力并不是理性。尽管不能否认理性的存在及其效用，但各种情感如尊严、自我牺牲、宗教信仰、爱国主义以及对荣誉的爱等，才是文明的主要动力。

① 指耶稣基督。其父为木匠，生活在古巴勒斯坦加利利地区。——译者注

3. 群体领袖及其说服的手法

（1）群体领袖。所有群体动物都有服从头领的本能/群体领袖的心理/只有他们能够使群众有所信仰并组织起来/领袖的专制/领袖的分类/意志的作用。（2）领袖的动员手段：断言、重复和传染。这些手段的不同作用/相互传染从社会下层向上层蔓延的过程/民众的观点不久就会成为普遍观点。（3）名望。名望的定义和分类/先天的名望和个人名望/不同的实例/名望受到破坏的方式。

我们已经了解了群体的精神构成，也找到了对群体头脑产生影响的力量。现在有待研究的是，这些力量如何发挥作用，以及是什么人把它们有效转化成行动的力量。

1）群体的领袖

所有群居生物，不管是动物还是人，都会处在一个头领的统治之下。这是生物的本能。

人类群体的所谓头领，有时不过是个煽风点火的家伙，即便如此，他的作用也相当重要。因为他的意志是群体形成统一意志与行动的核心。首领是人形成组织的第一要素。一群人就像温顺的羊群，需要头羊的率领。领袖最初往往不过是被领导者中的一员。他本人也是被一些观念所迷惑，然后才变成了这些观念的使徒。他对这些观念十分着迷，以至于除此之外的一切事情都消失了。在他看来，任何相反的观点都是谬论或迷信。最典型的例子是罗伯斯庇尔。他是卢梭哲学的信徒，在传播这种哲学观念时竟然采用宗教法庭的手段。

这里所说的领袖，更可能是个实干家而非思想家。他们也许不具备深刻的思想和远见卓识，而且也不可能如此，因为这种品质一般会让人犹疑不决。在那些精神处在疯癫边缘的人中间，最容易产生这种人物。不管他们坚持的观念或追求的目标有多荒诞，他们都会坚定不移，这使任何理性对他们都不起作用。他们拥有坚强的意志，对别人的轻蔑和保留态度无动于衷，或者这只会让他们更加兴奋。他们牺牲自己的一切，自我保护本能在他们身上消失。大多数情况下，这类人渴求的唯一回报恰恰就是以身殉职。强烈的信仰使他们的话具有极大的感染力，普通民众总是愿意听从这类人，而他们也知道如何迫使群体接受自己的看法。

聚集成群的人完全丧失自我意志，本能地听从一个人，而这个人具备他们所没有的品质。

各民族从来就不缺领袖，但大多数领袖都没有使徒般强烈的信念，也不会受其激励。他们毫无原则，通常谙熟巧言令色之道，为了一己之私不惜使用谎言欺骗民众。他们利用这种方式可能产生极大影响，然而这只能一时奏效。有狂热信仰、能打动群众灵魂的人，如隐士彼得[①]、改教者路德[②]、萨伏那洛拉[③]之流，以及法国大革命中的人物，首先是自己被某种狂热的信念搞得想入非非，然后才感染他人跟着自己一起想入非非。只有这样，他们才能在信众内心唤起一股坚不可摧的力量，即所谓的信仰。信仰能让一个人变成自己梦想的奴隶。

无论是宗教信仰还是政治信仰，也无论信仰的对象是一本书、一个人还是一种观念，信仰的建立取决于人群中领袖的作用。人类所支配的一切力量中，信仰的力量最为惊人。《福音书》说信仰能移山填海，一点不假。让一个人拥有了信仰，就是让他强大了十倍。历史上很多重大事件都是由一些默默无闻的信徒造成的，他们除

---

① 隐士彼得，1050—1115 年。法国修士，创建修道院，曾率领信徒前往耶路撒冷布道。——译者注

② 路德，1483—1546 年。德国宗教改革家，新教创始人，影响遍及整个基督教世界。——译者注

③ 萨伏那洛拉，1452—1498 年。文艺复兴时期的意大利著名传教士，对当时意大利政治与宗教有很大影响。——译者注

了自己坚信的信仰，通常一无所知。传遍全球的伟大宗教，还有从这个半球扩张到另一半球的帝国，它们之所以能成功，靠的不是学者或哲学家的思想、智慧，更不是怀疑论者的帮助。

但真正让我们所关注的是，伟大的领袖人物。这样的领袖为数很少，史学家很容易就能把他们清点出来。他们之上是那些权倾一时的统治者，低处则是劳动者。在烟雾缭绕的小酒馆里，他们不停地向自己的同志灌输一些含混其词的只言片语，使之渐渐入迷。对那些话的含义，他们自己也知之甚少，但他们总是信誓旦旦地说，只要按照他们说的去行动，希望与梦想就一定能实现。

社会每个领域，无论身份高低贵贱，人只要脱离孤独状态进入群体，就会处在某个领袖影响之下。大多数人，除了自己的行业之外，对任何问题都没有明确而合理的看法。领袖是他们的引路人。不过，这个角色也可以被定期出版物取代，虽然效果通常不是很好。这些定期出版物根据需要制造各种舆论，提供现成的套话，使得群众领袖不必再为说理操心。群众领袖的权威具有相当的专制性，这种专制性是他们获得群众服从的条件。

人们还注意到，这种权威不需要任何后盾，就能轻易让工人阶级中最狂暴的人俯首帖耳。他们规定工时和工资比例，发出罢工指令，何时开始何时结束，全凭一声令下。

由于当今政府的所作所为丧失了人们的信任，权威性日渐丧失，权力与功能被这些领袖和鼓动家取代。新主子的暴政带来的结果是群众对他们的服从，远远超过对政府的服从。如果因为某种变故，领袖从舞台上消失，群众就会回到群龙无首的状态，变得不堪一击。在一次巴黎公共马车雇员的罢工中，两个罢工领袖一被抓起来，罢工便立刻结束。在群体的灵魂中起主导作用的，并非对自由的要求，而是对被奴役的渴望。他们是如此倾向于服从，因此不管谁自称是他们的主子，他们都会本能地表示臣服。

首领和煽动家分成显然不同的两类。一类充满活力，但缺乏持久意志力。另一类极为罕见，拥有坚强的意志力。前一种人一身蛮勇，在领导临时暴动、带领群众冒死犯难、让新兵一夜间变成英雄这类行为中，他们的作用非常明显。第一帝国时代的内伊和缪拉就属于这一类人，在我们这个时代，加里波第也属于这类人[①]，他虽一无所长，却精力充沛、敢于冒险，只率领为数不多的一群人，就攻占了受到一支纪律严明的军队保护的古老的那不勒斯王国。

这类领袖回到日常生活时，就像我刚才谈到的那样，往往暴露出惊人的性格弱点。他们虽然具备号召力与领导力，却不能在简单环境下思考并支配自己的行为。他们是这样一种领袖，在特定条件下，他们本人也受人领导并不断受到刺激。总是有某个人或某种观念在指引着他们，并提供明确的行动路线供他们遵循，否则他们就不能发挥自己的作用。

而另一类领袖，即那些拥有持久坚定意志力的人，尽管不总是那么光彩耀目，但影响力却要大得多。这类人包括宗教和世俗伟业的奠基人，如圣保罗[②]、哥伦布和

① 内伊和缪拉，都是拿破仑手下的将领。加里波第，1807—1882 年，意大利民族运动的著名领袖，游击战专家，对意大利的统一作出过巨大贡献。——译者注

② 圣保罗，活动于公元 1 世纪，生卒年不详。他是除耶稣外基督教最重要的传播者。《新约全书》中有大量关于他的记载。——译者注

德·雷赛布[1]。这类人或是天纵英才，或心胸狭隘，但这无关紧要，反正世界是属于他们的。坚强不屈的意志力是这类人所具有的极为强大的品质。尽管强大而持久的意志力的作用，很少能得到充分认识。但正是这种力量足以征服一切，没有什么能阻挡住它，无论自然、上帝还是人。

德·雷赛布为我们提供了一个最近的关于强大意志力的作用的例子。他把世界分成东西两半。他所成就的事业，在过去三千年中连一些伟大的统治者也没能做到。但成也萧何败也萧何，在他年事已高的时候，他败在给他带来成功的一项类似事业上。这说明包括意志在内的一切事情，都会在时间面前屈服。

如果想知道人靠意志的力量能成就怎样了不起的事业，只需翻开有关苏伊士运河开凿时必须克服的困难相关的历史记载读读就行。亲历整个事件的一位见证人，用寥寥数语记录了这项伟大工程创建者的故事：

① 德·雷赛布，法国外交家，苏伊士运河开凿的组织者，后筹划打通巴拿马地峡失败。——译者注

> 日复一日，不管遇到什么，他都在讲着那个关于运河的惊人故事。他讲述了自己所战胜的一切，怎样把不可能变为可能，遇到的反对意见，还有与他做对的联盟。他经历的失望、逆境和失败，都没有能让他失去信心。他追忆英国如何打击自己，法国和埃及如何迟疑不决，工程初期法国领事馆如何带头反对，有人甚至因拒绝供应饮水而使工人逃离。他还谈到，海军部长和工程师，那些富有经验、受过科学训练并且有责任心的人，全都成了他的敌人。他们以科学的名义断定灾难就在眼前，预言灾难正在逼近，并且计算出它会在某日某时发生，就像预测日食一样。

涉及所有伟大领袖生平的书，通常不会涉及太多人名，但记录下的每个名字，都是与文明史上最重大的事件联系在一起的。

2）群体领袖的手段：断言、重复和传染

想在短时间内激发群体的热情，让他们采取譬如掠夺宫殿、守卫要塞或阵地等行动，就必须让群体对暗示作出迅速反应，其中效果最好的就是榜样。不过为了达到这个目的，群体在事前应当有一些环境上的准备，尤其是想影响他们的人应具备某种品质。这种有待深入研究的品质，我称之为名望。

但当领袖打算用观念和信念，例如利用各种社会学说来影响群体时，他们所借助的手段各有不同。其中有三种手段最为常用，也十分有效，即断言法、重复法和传染法。它们的作用虽有些缓慢，然而一旦生效，效果却持久。

让某种观念进入群众头脑最可靠有效的办法之一，就是不理睬任何推理和证据，只做简洁有力的断言。一个断言越是简单明了，证据和证明看上去越贫乏，观念就越有威力。各个时代的宗教书和各种法典，总是诉诸简单的断言。政客、推销产品的商人等，都深知断言的价值。

但如果断言不能不断重复，措辞也无法保持一致，就无法产生效果。我相信拿破仑曾说过，重要的修辞法只有一个，那就是重复。被断言的事情，通过不断重复才在头脑中生根，并且这种方式最终能使人将其当作已被证实的真理接受。只要看一看重复对最开明的头脑产生的效果，就可以理解重复对群体的影响力。这种力量是来自这样一个事实，即从长远看，不断重复的说法会进入我们无意识的深层区域，而我们的行为动机正是在这里形成的。到了一定时候，我们会忘记谁是不断重复主张的原作者，最终会对它深信不疑。广告之所以有令人吃惊的威力，原因就在这里。X牌巧克力是最棒的巧克力，我们就会以为所有地方都在这样说，最终就会对此确定无疑。Y牌药粉治好了身患顽症的某知名人士，如果我们患上类似的疾病，就会忍不住也要去试用一下。如果我们总是在同一家报纸上读到张三是个臭名昭著的流氓，李四是最诚实的人，我们最终会相信事实就是如此，除非我们再去读一家观点相反的报纸的报道。把断言和重复分开使用，它们各自都具备足够强大的力量相互拼杀一番。

如果一个断言得到了有效重复，在重复中再也不存在异议，就像在一些著名的金融项目中，富豪足以收买所有参与者一样，此时主流观点就会形成，强大的传染过程也就此开始。观念、情感、情绪和信念，在群众中具有像病菌一样强大的传染力。这是一种自然现象，尤其是在聚集成群的动物中，也可以看到这种现象。马厩里有一匹马踢饲养员，另一匹马也会效仿；几只羊感到惊恐，这种惊恐很快会蔓延到整个羊群。在聚集成群的人中间，情绪也会迅速传染，这解释了恐慌的突发性。头脑混乱就像发疯一样，也是易于传染的。作为疯病专家的医生中，也不时会有人变成疯子，这点已广为人知。当然，最近有人提到，如广场恐怖症之类的疯病，能由人传染给动物。

身处同一个地点，并不是人们受到传染不可或缺的条件。有些事件能让所有头脑产生一种独特的共同倾向，以及一种群体特有的性格，在这种事件的影响下，相距遥远的人也会被传染。当人们在心理上已经有所准备，尤其是受到了我们前面讨论过的间接因素的影响时，情况尤其如此。1848 年革命运动就是最典型的例子，它在巴黎爆发后，便迅速传遍大半个欧洲，使一些王权摇摇欲坠。

我在另一本著作中已经做过说明，很多影响被归因于模仿，其实不过是传染的结果。因此，这里我只抄一段十五年前我就这一问题说过的话。引述的观点已由其他一些作者在最近的出版物中做了进一步的阐发。

人就像动物一样有模仿的天性。模仿对人来说就像是必然的，因为模仿总是一件很容易的事情。正是因为这种必然性，才使所谓时尚的力量如此强大。无论是观点、观念、文学作品还是服装，有几个人有足够的勇气与时尚作对？支配着大众的是榜样，不是论证。每个时期都有少数个人同其他人作对并受到无意识的群众的模仿，但是这些有个性的人不能过于明目张胆地反对公认的观念。他们要是这样做，会使模仿他们变得过于困难，他们的影响也就无从谈起。正是由于这个原因，过于超前于自己时代的人，一般不会对观念产生影响。这是因为两者界限过于分明。也是由于这个原因，欧洲人的文明尽管优点多多，他们对东方民族却只有微不足道的影响，因为两者之间的差别实在是太大了。

历史与模仿的双重作用，从长远看，会使同一个国家、同一个时代的一切人十分相似，甚至那些好像坚决不受这种双重影响的个人，如哲学家、博

> 学之士和文人，他们的思想和风格也散发着一种相似的气息，使他们所属的时代立刻就能被辨认出来。如想全面了解一个人读什么书，有什么消遣，生活于什么样的环境，并没有必要同这个人做长时间的交谈。[①]

传染的威力之大，不但能迫使个人接受某些观点，而且还能让个人接受某些情感模式。传染是一些著作在某段时间被忽视的原因，《唐豪塞》[②]就是最好的例子，但仅仅几年后，出于同样的原因，原本持批评态度的人，又对它们大加赞赏。

群体的观点和信念最容易通过传染而不是说理得到传播。目前流行于工人阶级中的学说，就是他们在公共场所学到的，这是断言、重复和传染的成果。当然，每

---

① 勒庞:《人及其社会》，第二卷，第 116 页。——译者注

② 唐豪塞是 13 世纪德国诗人，后成为民间传说中的人物。这里应该是指瓦格纳的歌剧《唐豪塞》，最初上演于 1845 年。——译者注

个时代创立群众信仰的方式大多如出一辙。勒南[1]就曾正确地把基督教的创立者比作“从一个公共场合到另一个公共场合传播观念的社会主义工人”；伏尔泰在谈到基督教时也注意到，“在一百多年里，接受它的只有一些最恶劣的败类”。

应当指出，传染在作用于广大民众后，也会扩散到社会上层。在今天，社会主义信条就出现了这种现象，正在被即将成为它首批牺牲者的人所接受。传染的威力如此巨大，甚至能让一个人丧失对自我利益的追求。

这解释了一个事实：被民众接受的每一种观念，最终总是会以强大的力量感染社会上层并扎下根，而不管这种观念有多荒谬。社会下层对上层的反作用是种神奇的现象，因为群众的信念多多少少起源于某种更深刻的观念，而且通常在自己诞生之地不会造成什么影响。领袖和鼓动家找到了这种观念，并被其所征服后，就会据为己有，改造成自己的工具，然后用这种遭到严重歪曲

---

① 勒南，19世纪法国杰出思想家，对哲学、宗教以及历史学都有深入研究，一生致力于以人文主义立场缓和宗教与科学之间的矛盾，著有《耶稣传》《道德与批判文集》《法国的君主立宪制》等。——译者注

的观念作为基础建立新的宗派组织，然后在群众中加以传播，而他们使这个篡改过程更上一层楼。

观念变成大众的真理，就会回到自己的发源地，对一个民族的上层产生影响。从长远看的确是人的智力在塑造世界的命运，但这种作用是间接的。当思想通过我所描述的过程大获全胜时，提出这种观念的哲人早已化为尘土。

3）名望是成为领袖的必要条件

环境能让依靠断言、重复和传染进行普及的观念获得巨大的威力，这时观念就会具有一种神奇力量，即所谓的名望。

世界上不管什么样的统治力量，无论是观念还是人，其权力得到加强，主要都是利用了“名望”这种难以抗拒的力量。每个人都了解这个词的含义，但用法却十分不同，因此不易给出定义。名望所涉及的情感，既可以是赞赏，也可能是畏惧。有时这些情感是名望的基础，但没有这些情感名望也完全可以存在。最大的名望归那些我们不再惧怕的死人所有，例如亚历山大、恺撒、穆罕默德和佛祖。此外，还有一些虚构的、我们并不赞赏的存在，比如印度地下神庙中可怕的神灵，但是它们因为具有名望而让人害怕。

在现实中，名望是某个人、某本著作或某种观念支配我们头脑的主要力量。这种支配会麻痹我们的批判力，使我们心中充满惊奇和敬畏。这种感觉就像所有情感一样难以理解，不过好像与幻觉没有什么不同。名望是一切权力的主因。不管是神仙、国王还是美女，缺了名望都不行。

名望概括起来可分为两大类：先天的和个人的。先天名望来自称号、财富和名誉。它可以独立于个人的名望。相反，个人名望基本为一个人所特有，可以和名誉、荣耀、财富共存，或由此得到加强，但没有这些一样能够存在。

先天或人为的名望更为常见。一个人占据着某个社会位置、拥有一定财富或头衔，仅这些就足以使他享有名望，不管这个人价值几何。一身戎装的士兵、身着法袍的法官，总会令人肃然起敬。帕斯卡尔[1]指出，法袍与

① 帕斯卡尔，1623—1662 年，法国思想家，在数学、物理学、神学以及文学各领域都有巨大贡献。——译者注

假发是法官必不可少的行头。没了这些东西，他们的权威就会损失一半。即使是最狂放不羁的社会主义者，王公爵爷的形象对他们也多少有所诱惑。因为拥有这种头衔，会使获取财富比如侵占商人的财产变得轻而易举。

各个国家都能看到头衔、勋章、军装对大众的影响。甚至在个人独立意识最发达的国度也不例外。我在此引用一段最近从一本游记里读到的话，它告诉我们英国的大人物所享有的名望：

> 在许多场合我都看到，即使最理智的英国人，也会因为能和一个贵族沾亲带故，或仅仅是因为看到了一个贵族而兴奋。
>
> 如果他的财产能使他保持自己的身份，他事先就能断定他们会爱戴他；只要能与他交往，他们会心甘情愿地把自己的一切都奉献给他。看得出来，当他出现时，他们会高兴得面红耳赤，眼里闪烁着光芒。这么说吧，他们血液里就流淌着对贵族的崇拜，正像西班牙人热爱舞蹈、德国人热爱音乐、法国人喜欢革命一样。他们对骏马和莎士比亚的热情

> 并不十分强烈，这些东西能带给他们的满足与骄傲不属于他们生活的不可分割部分。讲述贵族的图书销路很好，任何地方都能看到，就像人手一本的《圣经》。

以上所说的这种名望，是体现在具体的人身上的。还有一些名望体现在各种见解、文学和艺术作品中。后一种名望往往是长年累月重复的结果。历史，尤其是文学和艺术的历史，不过是不断重复一些判断。没有谁真的想证实这些判断，大家都是在复述学校教科书中的东西。对于一个现代读者来说，研读荷马肯定是令人生厌的事，然而谁敢这么说？如今的巴台农神庙[①]不过是一堆废墟，它巨大的声望让它看起来不是这样，而是与所有历史记忆紧密联系在一起。名望的特点就是掩盖了事物的本来面目，使得人们的判断力变得麻木。群众像个人一样，需要对一切事物有现成的意见。这些意见的普遍性和它们的对错无关，只受制于名望。

---

① 巴台农神庙，雅典卫城中主要建筑之一。17 世纪毁于战火。——译者注

现在来谈谈个人名望。个人名望的性质完全不同于我刚才说过的那些人为或先天的名望。这是一种与头衔和权力无关的品质，而且只为极少数人所具备。个人名望使这些人能对周围的人施以真正神奇的幻术，即使这些人与之社会地位平等，而且他们并不具备任何基本的统治手段。但他们能迫使他人接受自己的思想与情感，让众人对其服从，就像动物服从驯兽师。

伟大的群众领袖如佛祖、耶稣、穆罕默德、圣女贞德和拿破仑，都拥有这种名望。他们所获得的身份地位也和这种名望密切相关。各种神灵、英雄豪杰和各种教义，之所以能大行其道，都是因为各有其深入人心的力量。当然，对他们只能意会，不能言传，否则他们就会烟消云散。

这里提到的这些人在成名之前就具备了某种神奇的力量，没有这种力量他们不可能成名。比如，达到荣耀巅峰时的拿破仑，仅仅因为他拥有的权力就足以使他享有巨大名望，但要知道在他还没有拥有这种权力、寂寂无名时，他就已经部分具备了这种名望。当他还是个名不见经传的将军时，多亏那些权势者要保护自己，他被派去指挥意大利的军队。他发现自己处在一群愤怒的将军中间，他们一心要给这个总督派来的年轻外来户一点颜色瞧瞧。从第一次会面时起，他没借助任何语言、姿态或威胁，那些人就一下子被他征服了。泰纳引用当时人的回忆录，对这次会面做了引人入胜的描述：

> 师部的那些将军包括奥热罗，一个蛮勇的赳赳武夫，为自己的高大身材和剽悍扬扬自得。他来到军营，对巴黎派给他们的这个暴发户一肚子怒气。对于得到的有关此人如何强大的描述，奥热罗打算不予理睬。他完全看不起这样一个巴拉斯的宠儿，一个因为旺代事件[①]得到将军头衔的人，据说这个人在学校里的业绩就是街头斗殴，而且相貌不佳，整天做着成为数学家和梦想家的美梦。将军被带到拿破仑的房间，波拿巴让他们等在外边，让他们等了很久才佩带着自己的剑出现。他戴上帽子，说明了

① 巴拉斯，法国大革命时期的政治家。贵族出身，是最早赏识拿破仑的人之一。旺代事件是指 1793 年后发生在法国旺代地区的反革命风暴。下文提到的马塞纳也是拿破仑手下的一名将军。——译者注

他所采取的措施，下达命令，然后让他们离开。奥热罗一直沉默不语。直到出门后他才重新找回了自信，能像通常那样骂骂咧咧地说话。他同意马塞纳的看法，这个小个子魔鬼将军让他感到敬畏，他无法理解那种一下子就把自己压倒的气势。

变成大人物后，拿破仑的名望与他的荣耀同步增长，至少在他的追随者眼里，他和神灵已差不多。旺达姆将军是一个粗汉，大革命时代的典型军人，甚至比奥热罗更粗野。1815 年，与阿纳诺元帅一起登上杜伊勒利宫楼梯时，他对元帅谈了自己对拿破仑的感受："那个魔鬼般的人物对我施用了魔法，我也搞不懂为何如此怕他，一看到他，我就像个小孩子一样禁不住浑身发抖。他简直能让我钻进针眼，投身火海。"

和拿破仑有过接触的人都感受得到这种神奇的影响。拿破仑意识到了自己的这种影响力。他深知，如果他把周围的人看得比马车夫还不如，他的影响力还会更大。这些人中包括国民议会中一些能让很多欧洲名流都害怕的人物。当时许多闲谈都提到这点。在一次国务会议上，拿破仑就曾粗暴地羞辱过伯格诺，其无礼程度就像对待一个男仆一样。之后，他走到这个人面前说："喂，笨蛋，你找到脑子没有？"伯格诺这样一个如鼓手长一样身材高大的人，深深弯下腰来。那个小个子伸手揪住他的耳朵，把他提起来。"这是令人心醉的宠信的表示，"伯格诺后来写道，"这是主人发怒时最常见的亲昵举动。"这些事例可以使人清楚地认识到，名望能促使人产生多少陈词滥调。它也一样让我们看到一个暴君是怎样对待他的喽啰们的——他只是把他们当作自家的炮灰。

达武在谈到马雷[①]和他本人的奉献精神时这样说：

> 如果皇帝对我们说，"毁灭巴黎，不让一个人活着跑掉，这对于我的政策至关重要"。我相信马雷是会为他保密的，不过他还不至于顽固到不想让自己的家人离开这座城市。而我会因为担心泄露真情，把我的妻儿留在家里。

① 达武，拿破仑手下名将之一。马雷，先后担任拿破仑的国务秘书和外交大臣。——译者注

必须看到这种命令震慑人灵魂的力量，相信拿破仑自己完全意识到了这种名望的威力，才能理解他只身一人从厄尔巴岛返回法国的壮举。他回到法国，面对一个对他的独裁感到厌倦的大国的全部武装，但却能迅速征服了这个国家。那些被派去阻挡他并发誓要完成任务的将军，仅仅看到他就毫不犹豫地屈服了。英国将军吴士礼写道：

> 拿破仑，一个来自他的王国厄尔巴岛的逃犯，几乎是孤身一人在法国登陆，几周内便把合法国王统治下的法国权力组织统统推翻。想证明一个人的权势，还有比这更惊人的方式吗？在他最后这场战役中，从头至尾，他以令人惊叹的气势压倒了同盟国。他牵着他们的鼻子走，差一点就打败他们！

他的名望当然超过了他的寿命，而且有增无减。正是他的名望让他一个寂寂无名的侄子成了皇帝。直到今天他的传奇故事仍然不绝于耳，足见人们对他的怀念是多么强烈。随心所欲地迫害人，为了一次次的征伐，让数百万人死于非命——只要你有足够的名望和付诸实施的天才与决心，人们就会允许你这样做。

不错，我这里提及的都是有关名望的一些极不寻常的例子。但为了了解那些伟大宗教、伟大学说和伟大帝国的起源，提提这些是有好处的。没有这种对群众影响巨大的名望，所有这一切都是难以想象，甚至根本不可能出现的。

但名望并非完全以个人权势、军事业绩或宗教敬畏为基础。平凡的业绩也能成为其来源与基础，其影响与力量一样也会相当可观，我们这个世纪就提供了不少实例。让人惊叹、将会被后人牢记的惊人的事例之一，是把大陆一分为二，改变了地球面貌和交通贸易关系的那个著名人物的故事。他之所以能完成这样的壮举，是因为他有强大的意志，也因为他能让自己周围的人着迷。为了克服遇到的种种阻力和障碍，他用自己的实际行动说话。他性格沉稳，言简意赅，具有让敌人都钦佩的人格魅力。当年英国人对他的计划坚决反对，但他出现在英国时，把所有选票都争取了过来；晚年他路过南安普顿，一路上教堂钟声不断；如今英国正展开一场为他竖立雕像的运动。

征服了必须征服的人、事、沼泽、岩石、沙地之后，他不再相信还有什么能挡住他，他想在巴拿马再挖一条运河。他按老办法着手这项工程，但是他上了年纪，此外，虽有移山填海的信念，如果那山过于高大，也是没法移动的，山会抵抗。后来发生的灾难，一下子就抹去了这位英雄身上耀眼的光环。他的一生既说明了名望如何出现，也说明了名望如何消失。在成就了足以同历史上最伟大英雄媲美的业绩后，他却被自己国家的官僚当成罪犯。他去世时没人留意，灵柩经过处是无动于衷的民众。只有外国政府像对待历史上每个最伟大的人一样，怀着敬意对他表示纪念。一家奥地利报纸，维也纳的《新自由报》用很长篇幅谈论了雷赛布的命运，其中的思考堪称心理学见识，因此转引如下：

> 在费迪南·德·雷赛布受到指控后，人们无权再对哥伦布的可悲下场表示惊讶。如果雷赛布是个骗子，那么一切高贵的幻想便都成了犯罪。古人会

用荣耀的光环来纪念他，让他饮下奥林匹克的甘露，因为他改变了地球的面貌，完成了造福万物的任务。上诉法院的首席法官因为指控费迪南·德·雷赛布而成了不朽人物，因为各民族总是需要一些人，他们不害怕把信徒的帽子扔向一位老人——他的一生为当代人增光——以此贬低自己的时代。

在资产阶级憎恨大胆创举的地方，再也不要谈论什么不可动摇的正义的未来！民族需要勇士，他们充满自信，克服了所有的障碍，不在乎个人安危。天才不可能谨小慎微，一味谨小慎微，是绝不可能扩大人类活动范围的。

费迪南·德·雷赛布经历了凯旋的狂喜与挫折的创痛——苏伊士和巴拿马。在这一点上，这颗心对成功的道德进行了反叛。当雷赛布成功地贯通了两个大洋时，国王和人民向他致敬；如今，当他败在科迪雷拉斯的岩石面前时，他不过是个毫无教养的骗子……从这种结局中我们看到了社会各阶级间的战争，看到了资产阶级和雇主们的不满，他们借助刑法，对那些在其同胞中出类拔萃的人施以报复。在

> 面对人类天才高远的理想时，现代立法者心里充满窘迫，而公众对这些理想也不甚理解。一个大律师不难证明，斯坦利[①]是个疯子，德·雷赛布也是个骗子。

上面这些虽属极端个例，但要想对名望做心理学上的认知，举出这类极端事例是很有必要的。名望的一端是宗教和帝国的创立者，另一端则是那些用一顶新帽或一件新衣向邻居炫耀的人。

在名望的两极之间，文明的各种不同要素如科学、艺术、文学等，所促成的不同形式的名望都有一席之地，并且可以看到，名望是说服群众的一个基本因素。

享有名望的人、观念或物品，会在传染作用下，立刻受到人们的模仿，让整整一代人接受某些情感或表达思想的方式。进一步说，这种模仿通常是不自觉的，这证明了它的彻底性这一事实。临摹原始人单调色彩和僵硬姿态的现代画家，很少能比他们的灵感来源更有生命力。他们相信自己的真诚，但若没有哪个杰出大师复活

① 比利时著名探险家。——译者注

了这种艺术形式中的生命力，人们能看到的就只是原始人幼稚低级的一面。那些模仿另一位著名画家的艺术家，在画布上涂满紫罗兰色的暗影，但他们在自然界并没有看到比五十年前更多的紫罗兰。他们是受了这位画家的个性和特殊印象的影响，即受到了他的“暗示”。而这位画家尽管古怪，却成功获得了巨大名望。在文明的所有因素中，都可以举出类似的例子。

名望的产生与若干因素有关，其中成功永远是最重要的因素。每个成功者，每个得到认可的观念，仅仅因为成功这一事实，就不再受怀疑。因此，成功是通向名望的台阶，其证据就是一旦成功消失，名望也就随之消失。昨天是受拥戴的英雄，今天就可能会受到侮辱。当然，名望越高，反应也会越强烈。在这种情况下，群众会把末路英雄视为同类，为自己曾经向一个现在不复存在的权威点头哈腰进行报复。当年罗伯斯庇尔把自己的同伙和大量的人处死时，他享有巨大的名望。一旦被几张选票剥夺了权力，他立刻失去名望，就被群众毫不犹豫地送上了断头台。正像不久前群众对待雷赛布一样。信徒总是穷凶极恶地敲碎他们以前神灵的塑像。

缺少成功的名望会很快消失。名望也会因探讨而受到影响，只是时间要更长。无论如何，探讨的力量是极为可靠的。当名望成为问题时，便不再是名望。能够长期保持名望的神与人，对探讨都毫不宽容。为了让群众敬仰，必须同他们保持距离。

4. 群体信念和观念的变化范围

（1）牢固的信念。某些普遍信念不易改变／它们是文明的主流／根除它们十分困难／信念在哲学上的荒谬性不妨碍它的传播。（2）群体观点的多变。不是来自普遍信念的观念极为易变／近百年来观念和信仰的多样化／这种多样化的真正界限／受到多样化影响的事物／混乱的报业造成了观念的多变。

1）信念的牢固与易变

生物的解剖学特征和心理特征非常相似。从解剖学特征中，能看到一些不易改变或只有轻微改变的因素，它们的改变需要以地质年代来计算。除了这些稳定的、难以摧毁的特征，还可以看到一些易变特征，如利用畜牧和园艺技术很容易就能加以改变的特征，有时它们甚至会使观察者看不到基本特征。

在道德特征方面也可以看到同样现象。一个种族除了有不变的心理特征外，也有一些可变因素。在研究一个民族的信仰和信念时，在一个牢固基础结构之上，总是可以观察到一些嫁接在上面的东西，其多变一如流沙。

因此，群体观念和信念可以分成非常不同的两类。一方面是经久不衰的信仰，整个文明也许就是以它为基础，例如，过去的封建主义、基督教和新教。在我们这个时代则有民族主义、民主以及社会主义思想。另一方面则是多变又稍纵即逝的观念，它们通常是每个时代都有的一些普遍学说的产物。例如那些产生了浪漫主义、自然主义或神秘主义的理论。这些观念通常都是表面的，就像时尚一样多变。它们如同水面不断出现又消失的涟漪。

伟大的普遍信仰历来就数量稀少。对于每个历史悠久的民族来说，这些信仰的诞生和灭亡都是这一民族历史上令人瞩目的事件。正是它们构成了文明的真正基础。

用一时的观念影响群众不难，但想让一种信仰被接受然后扎根却很难。不过，一旦这种信念扎下根了，要想铲除那就会难上加难。通常只有暴力革命才能革新它们。即使一种旧的信念不再能有效控制人们的思想、情感了，也要借助革命才能清除。在这种情况下，革命的作用是最后的清理，因为习惯势力阻碍着人们完全放弃它们。一场革命的开始，在某种意义上就是一种信念的末日。

一种信念的消亡，时间上很容易做出确切判断——也就是它的价值受到质疑时。所有普遍信念不过是一种虚构，它唯一的生存条件就是不能受到审查。不过，即使一种信念已经摇摇欲坠，依据它建立起来的制度还会保持力量，不会马上消失。最后，当信念余威尽失，于其上建立的一切就很快开始衰亡。迄今为止，没有哪个民族，能在没有下定决心破坏自己全部文明因素的情况下转变信仰。这个民族会继续这一转变过程很久，直到完全接受一种新的普遍信念，在此之前它会一直处于无政府状态。普遍信念是文明的柱石，决定各种思想倾向。只有它们能够激发信仰并形成责任意识。

各民族一直清楚获得普遍信念的好处，他们本能地知道，这种信念的消失是自己衰败的信号。使罗马人征服世界的，是人们对罗马的狂热崇拜；当这种崇拜寿终正寝时，罗马也注定衰亡。至于毁灭了罗马文明的野蛮人，只有当他们拥有了某种共同信念，团结起来摆脱政治混乱状态后，才能做到这点。

在捍卫自己的观点方面，每个民族都表现出不宽容的态度，这显然事出有因。这种对哲学批判表现出的不宽容，是一个民族的必要品质。在中世纪，正是为了普遍信仰，才有那么多发明创新者被送上火刑柱，即使逃脱了殉道，也难免死于绝望。也正是为了捍卫信念，世界才经常上演一幕幕可怕的混乱场面，成千上万的人战死沙场或将要死在那里。

普遍信念的建立困难重重，不过普遍信念一旦确立，便会长期拥有不可征服的力量。无论从哲学上看多么荒谬，它都会进入人们的头脑里，其中包括那些最睿智清醒的头脑。在长达一千五百年的时间里，欧洲各民族不是一直认为，像莫洛克神[①]一样野蛮（我只是从哲学意义上说它野蛮，其实它曾创造出了一种全新的文明，使得人类在一千五百年漫长的时间里，窥见了梦与希望，而他们并不想知道更多）的神话是不容争辩的吗？有个上帝因为自己创造出来的动物不听话，便进行自我报复，让其儿子承受可怕酷刑，在十多个世纪里，居然一直无人发现这种神话的荒诞不经。如伽利略、牛顿、莱布尼茨这样的一些天才，也没有质疑过这种说教的真实性。普遍信仰具有催眠作用，没有比这更典型的证据了。这

① 莫洛克神是古代地中海东部地区崇拜的神灵，对他的祭祀有用儿童做牺牲的习俗。——译者注

个例子说明，作为人的我们所具有的理性与智慧有多大的局限性。

新教条一旦在群体中生根，就会成为鼓舞人心的源泉，由此发展出各种制度、艺术和生活方式。在这种环境下，它对人实行着绝对控制。实干家一心要让这种普遍信仰变成现实，立法者一心想把它付诸施行，哲学家、艺术家和文人醉心于如何以各种方式表现它。这就是人类社会的生存方式。

从基本信念中会派生出一些短暂观念，这些观念总是具有那些基本信念留下的烙印。埃及文明、中世纪的欧洲文明、阿拉伯地区的穆斯林文明，都是宗教信仰的产物。这些文明中即使最微不足道的事物，也都留下了这些宗教清晰的印记。

也正因为有这些普遍信念，每个时代的人们才能生活在一个由基本相同的传统、观点和习俗构成的环境中，他们无法，也不能摆脱这些东西的约束。人们的行为首先受他们信念的支配，其次是受由这些信念形成的习惯支配。这些信念调控着我们生活中最细小的行为，任何具有独立性的精神也摆脱不了它们的影响。只有在不知不觉中支配着人们思想意识的暴政，才是真正的暴政，因为你无法同信念作战。不错，提比略[①]、成吉思汗和拿破仑都是可怕的暴君，但相比较，早已躺在坟墓深处的摩西、佛祖、耶稣和穆罕默德，才是对人类实行着更深刻的专制统治。利用密谋可以推翻一个暴君，但想颠覆一种信念却很难找到什么东西可以利用。法国大革命尽管采用了跟天主教宗教法庭一样无情的手段，群体的同情显然也在它这边，在同罗马天主教的对抗中，最终却屈服了。统治人类的真正暴君，历来就是人类自己对死人的怀念或者是人类为自己编织的幻想。

普遍信念从哲学角度看有些荒谬，但这从不会成为它们获胜的障碍。而且，如果这些信念无法提供某种神奇的荒谬性，也就不可能获胜。也就是说，荒谬性是普遍信念得以成功的必要前提。因此，今天的很多主义作为信念虽有明显破绽，却并不影响其赢得群众。不过和宗教信仰相比，它们只能算等而下之的信仰。因为宗教信仰所许诺的幸福理想是在来世实现的，因此无法反驳；

① 提比略，公元前 42 年—公元 37 年。古罗马第二位皇帝。——译者注

而现在的很多主义许诺的幸福是要在现世落实，因而只要有人想努力去实现，它就会暴露出内在的矛盾与不足，很容易身败名裂。因此，和宗教信仰不同，这些主义获得力量是在理想实现后，只能等到获得胜利，开始实现自身价值那天为止，才能真正成为普遍性观念。

2）群体观点的极不稳固与多变

无数短命的观点、观念和思想，会在作为基础的牢固信念表面长出来。其中最长命的也不会超过一代人的寿命。这些观点的变化不过是些表面现象，经常受到某些种族意识的影响。例如在评价法国政治制度时，会发现一个现象，那就是各政党表面上看似差异很大，保皇派、激进派、帝国主义、社会主义等等，却都有由法兰西民族精神结构决定的一个共同理想，而在另一些民族那里，在相同名称下会看到一些完全相反的理想。

无论给那些观点取什么名称，还是采取怎样骗人的用法，都不会改变它的本质。法国大革命时期深受拉丁文化影响的那些人眼里只有罗马共和国，采用它的法律、权杖、法袍，但他们没能因此变成罗马人，因为后者是处在一个强大的历史性帝国统治之下的。哲学家的任务，是研究隐藏在古代的那些信念纷繁复杂的表面下，支撑着它们的核心，在不断变化的观点中找出普遍信念和种族特性决定的成分。

如果没有这种哲学的检验，人们就会以为群众是经常随意改变他们的政治或宗教信仰的。一切历史，无论是政治的、宗教的、艺术或文学的，都证明了事情就是如此。让我们来看看法国历史上非常短暂的一个时期，即 1790 年到 1820 年这三十年，这也恰好是一代人的时间。在这段时间，保皇派的群体从最初的革命派转变成极端帝国主义者，最后变成君主制支持者。在宗教问题上，他们也从天主教倒向无神论，然后倒向自然神论，最后又回到了天主教立场，而且成了最坚定的天主教信徒。这些变化不只发生在群众中，也发生在他们的领导者中。我们惊奇地发现，国民公会中的某些要人、国王的死敌、既不信上帝也不信主子的人，变成拿破仑恭顺的奴仆后，在路易十八复辟时期，又手持蜡烛虔诚地走在宗教队伍中间。

在那之后的岁月里，群众观点又发生了无数次变化。十九世纪初“背信弃义的英国佬”在拿破仑继承者统治时期，成了法国的盟友，而两度受到法国入侵的俄国，以满意的心情看着法国倒退，也成了它的朋友。

在文学、艺术和哲学中，这段时期变化更为迅速。浪漫主义、自然主义和神秘主义你方唱罢我登场。昨天还受吹捧的艺术家和作家，明天就会遭人痛斥。

但当深入分析这些表面变化时，我们会发现，一切与民族普遍信念和情感相悖的东西都不可能持久，逆流不久都会回到主河道。与种族普遍信念或情感全无关系、从而不可能具有稳定性的观点，只能听任机遇的摆布，或者即使还有可取之处，也会随着环境而发生变化。它们只是在暗示和传染的作用下形成的暂时现象，匆匆出现，又匆匆消失，像海边沙滩上被风吹成的沙丘。

目前，三种不同的原因，导致群体中易变的观点比以往任何时候都多。

首先，昔日的信仰正在失去它们的影响力，不再像过去那样，能够形成短暂的观念。普遍信仰的衰落，为一大堆既无历史也无未来的偶然观点提供了场所。

其次，群众的势力不断增强。这种势力越来越缺乏制衡的力量，使得群体观念多变这一特点，得以无拘无束地表现出来。

最后，是报业的发展。报纸不断把完全对立的观点带到群众面前。每一种独立观点所产生的暗示作用，很快就会受到对立观点的破坏。结果是任何观点都难以普及，全都成为过眼烟云。今天，一种观点还来不及被足够多的人接受并形成普遍观点，就已寿终正寝。

这既是世界史上的一种全新现象，也是这个时代显著的特点。我这里是指政府在领导舆论上的无能。

也就在不久以前，政府的措施、少数作家和寥寥几家报纸的影响，还是公众舆论真正的反映者；而今作家已经没有任何影响力，报纸则只反映观点。对于政客来说，他们别说是引导各种观点，追赶各种观点还怕来不及。他们变得害怕观点，有时甚至成了恐惧，这使他们采取了极不稳定的政治行动路线。

于是，群体的观点越来越倾向于变成最高政治指导原则。它已经发展到了这种地步，竟然能迫使国家之间结盟，例如最近的法俄同盟，几乎变成大众运动的产物。目前一种奇怪的病症是，人们看到教皇、国王和皇帝们也在同意接受采访，仿佛他们也愿意把自己在某个问题上的看法交给群众评判。在政治事务上不可感情用事这种说法，在不远的过去也许还算正确，但当政治越来越受到群众缺乏理性、只受情绪支配的多变冲动的支配后，还能再这样说吗？

过去起着引导观点作用的报业，现在也像政府一样，在群众势力面前卑躬屈膝。当然，它仍然有相当大的影响力，然而这不过是因为它一味在反映群众的观点及其不断的变化。报业既然成了仅仅提供信息的平台，便放弃了传播与维护某种观念或学说的努力。它在公众思想的变化中随波逐流，为了生存竞争，也只能这样做，因为它害怕失去读者。过去那些有影响力的报纸，如《宪法报》《论坛报》《世纪报》，曾被上一代人当作智慧的传播者，如今不是已经消失，就是变成了典型的现代报纸，最有价值的新闻被夹在各种轻松话题、社会传闻和金融谎言之间。如今，没有哪家报纸富裕到能够让它的撰稿人传播自己的观点，因为对于那些只想得到消息，对经过深思熟虑后做出的所有断言一概怀疑的读者来讲，这种观点毫无用处。甚至评论家也不再能有把握地说一本书或一台戏获得了成功，他们能够恶语中伤，但不能提供判断。报社十分清楚，在形成批评或个人观点上没有任何有用的东西，于是便采取压制批评的立场，只限于提一下书名，再添上两三句捧场的话。要不了多久，同样的命运也许会降临到戏剧评论的头上。

今天，密切关注各种流行观点，已成为报社和政府的第一要务。它们需要在第一时间了解一个事件、一项法案或一次演说带来的效果。这可不是件轻松的事，因为没有什么比群众的想法更多变，也没有任何事情，能像群众那样朝三暮四，昨天还被他们赞扬的，今天就会被痛骂。

没有任何引导观点的力量，再加上普遍信仰的毁灭，最终结果就是信念的严重分歧，无法形成有效秩序，并且使群众对于所有不触及自己眼下利益的事漠不关心。社会主义这类信条只能影响没有文化的阶层，如矿山和工厂里的工人，而中产阶级的下层成员以及受过教育的工人，不是变成了彻底的怀疑论者，就是没有任何明确的观点。过去二十五年朝着这个方向的演变是惊人的。之前那个时期虽与我们相距不算太远，人们的观点还能大致保持一致性，它们产生于一些基本的信仰。人们只需要知道某人是君主制的拥护者，还是共和制的拥护者，就能断定他持有的历史观和科学观。拥护君主制的人十分清楚，人不是从猴子变过来的，而共和主义者同样十分清楚，人类的祖先就是猴子。拥护君主制的人有责任为王室说话，共和主义者则必须怀着对大革命的崇敬发言。凡提到如罗伯斯庇尔和马拉这些人名，语气中必有宗教式的虔诚。还有一些名字，如恺撒、奥古斯都或拿破仑，也万万不可在提到时不痛斥一番。甚至在索邦这座法兰西的大学城[①]里，也普遍存在着这种对历史的幼稚理解方式。

从这个角度看，法国官方任命的历史教授写下的东西非常令人不解。这也证明了法国大学教育制度中是多么缺少批判精神。我这里引用兰先生《法国大革命》一书中的两段话作为这方面的证明："攻占巴士底狱不但是法国历史，也是整个欧洲历史上一件登峰造极的事件，它开创了世界史的一个新纪元！"关于罗伯斯庇尔，我们会莫名其妙地读到这样的话："他的独裁更多的是建立在

---

① 索邦指巴黎大学，因为最初是由著名的神学家索邦建立的一所神学院而得名。——译者注

舆论、说服力与道德威望上，这是一种掌握在高尚者手里的教皇权杖。”

目前，由于论战过多，观点都失去了名望；它们的特征持续时间之短，很难唤起我们的热情。现代人日益变得麻木不仁。

但没必要过于悲伤。无可争辩，这是一个民族生命衰败的征兆。当然，与专事否定、批判的人或麻木不仁的人相比，伟大的人、具备超凡眼光的人、使徒和民众领袖，总之那些真诚、有强烈信念的人能发挥更大的影响。不过不能忘记，由于目前群众拥有庞大的势力，因此，如果有一种观点赢得了足够声望，使自己能得到普遍接受，那么它很快便会拥有强大的专制权力，使一切都屈服于它，自由讨论的时代也就会结束。

群众偶尔是个步态悠闲的主人，就像赫利奥加巴勒和梯比留斯一样，但他们也是狂暴而反复无常的。当一种文明让群众占了上风时，这种文明几乎就没有多少延续下去的希望。如果说还有什么事情能推迟自身毁灭，那就是极不稳定的群众观点，以及他们对一切普遍信仰的麻木不仁。

第三卷

不同群体的分类及其特点

1. 群体的分类

群体的一般分类:（1）异质性群体。它们的不同类型 / 种族的影响 / 群体精神敌不过种族精神 / 种族精神代表文明状态，群体精神代表野蛮状态。（2）同质性群体。它们的不同类型 / 宗派、身份、团体和阶级。

在本书中，我们已经对群体心理的一般特点做了论述。不同类型的集体在特定刺激因素影响下，变成群体时各自具有的特点尚有待说明。我们先简单谈谈群体的分类。

我们的起点是简单的人群。当许多人组成的人群是属于不同种族时，我们就看到了群体最初级的形态。在这种情况下，唯一能形成团结的纽带的，是头领或多或少受到尊敬的意志。在几百年时间里不断进犯罗马帝国的野蛮人，来源十分复杂，因此可以把他们当作这种人群的典型。

比不同种族的个人组成的人群更高层面的，是在某些影响下获得了共同特征，因而最终形成一个种族的人群。他们有时表现出某些群体的特征，不过这些特征在一定程度上受到种族因素的制约。

在本书阐述过的某些影响作用下，这两种人群可以转变成有机的或心理学意义上的群体。我们把这些有机群体分为以下两类：

异质性群体

a. 无名称的群体（如街头群体）

b. 有名称的群体（如陪审团、议会等）

同质性群体

a. 派别（政治派别、宗教派别等）

b. 身份团体（军人、僧侣、劳工等）

c. 阶级（中产阶级、农民阶级等）

现在我们简单指出这些不同类型群体的特征。

1）异质性群体

这是由拥有各种不同特点、职业、智力水平的个人组成的群体。本书前面所研究的就是这类群体的特点。

事实告诉我们，人作为行动的群体中的一员，他们的集体心理与个人心理有本质的差别，而且他们的智力也会受到这种差别的影响。我们已经知道，智力对集体不起作用，集体完全处在无意识情绪的支配之下。

一个基本因素，即种族的因素，使不同的异质性群体几乎完全不同。

我们经常谈到种族的作用，指出种族是人类行动最强大的决定因素。它的作用在群体的性格中也有迹可循。由偶然聚集在一起的个人组成的群体，如果他们全是英国人或中国人，与具有任何不同特征但属于同一个种族的个人，如俄国人、法国人或西班牙人组成的群体，存在很大的差别。

当环境使一个群体形成，并且（虽然这种情况相当罕见）其中有不同民族但比例大体相同的个人时，他们所继承的心理成分给人的情感和思想方式造成的巨大差异，立刻就会凸显出来。不管把他们聚集在一起的是多么一致的利益，都会发生这种情况。社会主义者试图在大型集会中，把不同国家的工人代表集合在一起，这种努力最后总是以公开分歧收场。拉丁民族的群体，不管多么革命或多么保守，为了实现自己的要求，无一例外地会求助于国家的干预。他们总是倾向于集权，倾向于赞成独裁。相反，英国人或美国人的群体就不拿国家当回事，他们只关注个人的主动精神。法国的群体特别看重平等，英国的群体则特别看重自由。这些差异解释了为何几乎有多少个国家，就会有多少种不同形式的社会主义和民主。

由此可见，种族气质对群体性格有重大影响。它是一种决定性力量，决定着群体性格的变化。一条基本定律就是，由于种族精神的强大，群体的性格相比之下并不十分重要。群体状态或支配群体的力量类似于野蛮状态，或者说是向这种状态的回归。种族正是通过获得结构稳定的集体精神，才使自身在越来越大的程度上摆脱了缺乏思考的群体力量，走出野蛮状态。除了种族因素之外，对异质性群体最重要的分类，就是把它们分为无名称的群体——如街头群体等——和有名称的群体，如精心组织起来的议会和陪审团。前一种群体缺乏责任感，而后一种群体则发展出了责任感，这往往使这两种群体的行动有很大的不同。

2）同质性群体

同质性群体包括：a. 派别；b. 身份团体；c. 阶级。

派别是同质性群体组织过程的第一步。一个派别包括在教育、职业和社会阶级归属等方面大不相同的个人，把他们联系在一起的是共同的信仰。这方面的例子是宗教和政治派别。

身份团体是群体中所能拥有的最高程度的组织。派别中包含着职业、教育程度和社会环境大不相同的个人，他们仅仅是被共同信仰联系在一起；而身份团体则由职业相同的个人组成，因此他们也有相似的教养和相当一致的社会地位。这方面的例子如军事团体和僧侣团体。

阶级是由来源不同的个人组成的，和派别有所不同，使他们结合在一起的不是共同信仰，也不像身份团体那样是因为相同的职业，而是某种利益、生活习惯以及几乎相同的教育。这方面的例子是中产阶级和农民阶级。本书只讨论异质性群体，把同质性群体（派别、身份团体和阶级）放在另一书本里研究，因此我不打算在这里谈论后一种群体的特点。在结束对异质性群体的研究时，我会考察一下几种典型的特殊群体。

2. 被称为犯罪群体的群体

被称为犯罪群体的群体／群体犯法时在心理上也许不能称之为犯罪／群体行为绝对是无意识的／“九月惨案”参与者的心理／他们的逻辑、残忍和道德观念。

兴奋期过后，群体会进入一种无意识状态。在这种状态下，它受着各种暗示的支配，因此很难把它说成是一个犯罪群体。我之所以保留这一错误的定性，是因为最近一些心理学研究使它变得十分流行。不错，群体的一些行为，如果仅就其本身而论，的确是犯罪行为，但是在某些情况下，这种犯罪行为同一只老虎为了消遣而让其幼虎把一个印度人撕咬得血肉模糊，然后再把他吃掉的行为相同。

群体犯罪的动机通常来自某种强烈的暗示，参与这种犯罪的个人事后会坚信自己是在履行职责，这与普通犯罪存在很大区别。

群体犯罪的历史说明了实情。

巴士底狱监狱长的遇害可以作为一个典型案例。这位监狱长在堡垒被攻破后，被一群极度兴奋的人团团围住，并被拳脚相加。有人建议吊死他，砍下他的头，挂在马尾巴上。监狱长在反抗过程中，不小心踢到了一个在场的人，于是有人建议，让挨踢的人割断监狱长的喉咙。这个建议立刻博得了群众的赞同。

> 这个干完活的厨子，来巴士底狱的主要原因是好奇。他只是想来看看发生了什么。然而由于普遍观点就是这样宣传的，于是他也相信这是种爱国行为，甚至自以为杀死一个恶棍可以得到一枚勋章。他用一把借来的刀砍向监狱长的脖子，因为刀有些钝了，他没能切动。于是他从自己兜里掏出一把黑柄小刀（既然有厨子的手艺，他对切肉应当很有经验），成功执行了命令。

以上所指出的暗示的作用，清楚反映在这个例子中。我们服从别人的怂恿，它会因为来自集体而力量更为强大，杀人者认为自己做了一件很有功德的事。既然得到无数同胞的赞同，他这样想也是自然的。这种事从法律上可以视为犯罪，从心理上却不是犯罪。

犯罪群体的一般特征与我们在所有群体中看到的特征并无不同：易受怂恿，轻信、多变，喜欢把无论是良好还是恶劣的情感都加以夸大，表现出某种道德品质，等等。

在法国历史上留下最凶残记录的群体，即参与“九月惨案”的群体中，这些特征一应俱全。事实上，这一群体与制造圣巴托罗缪惨案的群体十分相似。这里我引用的都是泰纳根据当时的文献所做的描述。

没有人确切知道是谁下令杀掉犯人空出监狱的，也许是丹东或是别的什么人，这并不重要。我们注意的是这样一个事实，即参与屠杀的群体受到了强烈的怂恿。

这个杀人群体杀了大约三百人，而且它完全是个典型的异质性群体。除了少数职业无赖，主要是些小店主和各行各业的手艺人：靴匠、锁匠、理发师、泥瓦匠、店员、邮差等等。在别人的怂恿下，他们就像前面提到的那个厨子一样，完全相信自己是在完成一项爱国主义任务。他们挤进一间双开门的办公室，既当法官又当执行人，但是他们丝毫不认为自己是在犯罪。

他们深信自己肩负着重要使命，着手搭起一座审判台，与这种行动联系在一起的，是他们立刻表现出群体的率直和幼稚的正义感。考虑到受指控的人数众多，他们决定把贵族、僧侣、官员和王室仆役一律处死，认为没必要对他们的案件进行审判。这就是说，在一个杰出的爱国者看来，只凭职业就可证明一个人是罪犯，而对其他人，将根据他们的个人表现和声誉进行判决。

群体幼稚的良知以这种方式得到了满足。现在可以合法地进行屠杀了，残忍的本能也可以尽情释放了。我在别处讨论过这种本能的来源，集体总是会将这种本能发挥得淋漓尽致。不过正像群体通常的表现那样，这种本能并不妨碍他们表现出相反的情感，他们的善心常常和他们的残忍一样极端。

他们对巴黎的工人有极大的同情和深刻的理解。在阿巴耶，那帮人中的一员在得知囚犯二十四小时没喝上水后，简直想把狱卒打死，如果不是犯人们为其求情，他是一定会这样做的。当一名囚犯被（临时法庭）宣告无罪后，包括卫兵和刽子手在内的所有人都高兴地与他拥抱，疯狂地鼓掌。

然后，大屠杀开始了。在整个过程中，欢快的情绪从未间断。他们围着尸体跳舞唱歌，还专门为女士安排了长凳，以方便观看贵族被处死，而且这种表演一直充满特殊的正义气氛。

阿巴耶的一名刽子手当时抱怨说，为了让女士们看得真切，把她们安排得太近了，使在场的人中只有很少人享受到了痛打贵族的乐趣，于是决定让受害者在两排刽子手中间慢慢走过，刽子手用刀背砍受害者以延长其痛苦。在福斯监狱，受害人被剥得精光，在半小时里被施以“凌迟”，直到每个人都看够了以后，再来上一刀切开他们的五脏六腑。

刽子手并非全无顾忌，我们指出过的存在于群体中的道德意识也表现在他们身上。他们拒绝占有受害人的钱财和首饰，把这些东西全都放在会议桌上。

他们的所有行为，都可以看到群体特有的幼稚的推理方式。在屠杀了一千二百到一千五百个民族敌人后，有人提议，那些关着老年人、乞丐和流浪汉的监狱其实是在养着一些没用的人，不如把他们全都杀掉。这一建议立刻被采纳。这些囚犯中间当然也有人民的敌人，如一位名叫德拉卢的妇女，是一个下毒者的寡妇。有人说："她肯定对坐牢非常愤怒，如果她能办到，她会一把火烧掉巴黎。她肯定这样说过，她已经这样说过了。除掉她算了。"这种说法好像很令人信服，囚犯被无一例外地处死，其中包括五十名十二岁到十七岁的未成年人，他们当然也变成了人民公敌。

当一周的工作结束时，所有这些处决也终于停止，刽子手想来可以休息一下了。但他们深信自己为祖国立了大功，于是前往政府请赏。最热情的人甚至要求被授予勋章。

1871 年巴黎公社的历史也提供了一些类似的事实。如果群体的势力还在不断增长，政府的权力在它面前节节败退，那么我们就一定还会看到许多类似的事情。

3. 刑事案件的陪审团

陪审团的一般特点／统计数据显示，他们的判决独立于他们的人员成分／影响陪审团的方法／辩护的形式与作用／说服关键人物的技巧／令陪审团迟疑或严厉的不同罪行／陪审团制度的好处。

不可能在此对所有类型的陪审团都进行研究，因此我只想评价一下法国刑事法庭的陪审团。

这些陪审团为有名称的异质性群体提供了极好的例子，它表现出易受暗示支配、缺乏推理能力的特点。这些陪审团处在群体领袖影响下时，也主要受无意识情绪支配。在这一研究过程中，我们还会看到一些不懂群众心理的人犯下错误的有趣事例。

首先，在做出判决时，陪审团提供的例子说明，组成群体的不同成员的智力水平无关紧要。我们知道，当一个善于思考的团体要求就某个非完全技术性的问题发表看法时，智力起不了多少作用。例如一群科学家或艺术家组成一个团体，对一个一般性问题做出的判断，与一群泥瓦匠或杂货商做出的判断没什么不同。在 1848 年前，法国政府规定陪审团的组成人员要慎重选择。要从有教养的阶层选出陪审员，教授、官员、文人等是首选。如今，大多数陪审员来自小商人、小资本家或雇员。然而令专家大惑不解的是，无论组成陪审团的是什么人，他们的判决总是一样的。甚至那些敌视陪审制度的地方长官也不得不承认判决的准确性。贝拉·德·格拉热先生是刑事法庭的前庭长，他在自己的回忆录中用下面一段话对此现象表达了自己的看法：

> 今天，选择陪审员的权力实际掌握在市议员手里。他们根据自己的政治和选举需要，把人们列入名单或从名单上画掉。……大多数被选入陪审团的人都是生意人（但并不是像过去那样重要的人）和属于某个政府部门的雇员。……只要法官的开庭时间表一定，他们的观点和专长便不再有多少作用。许多陪审员是有新手的热情和良好意图的人，被同时放在恭顺的处境下，陪审团的精神并未改变：它的判决依然如故。

对于这段话，我们必须记住它的结论，而不是那些软弱无力的解释。对这样的解释我们不必感到奇怪，因为法官通常和地方长官一样，对群体心理一窍不通，因此他们也不了解陪审团。我从一个与刚提到的这位作者有关的事实中还发现了一个证据。他认为，刑事法庭最著名的出庭律师之一拉肖先生，处心积虑地利用自己的权力，在所有案件中反对让聪明人出现在名单上。但是经验终究会告诉我们，这种反对是毫无用处的。事实证明，今天的公诉人和出庭律师，以及所有被关在巴黎监狱里的人，都已完全放弃了反对陪审员的权利。正如德·格拉热先生所言，陪审团的判决并无变化，“它们既不更好，也不更差”。

就像群体一样，陪审团也受情感因素的强烈影响，很少被证据所打动。一位出庭律师说：“他们见不得母亲哺乳或者孤儿的画面。”德·格拉热则说：“一个妇女只要装出唯命是从的可怜样子，就足以赢得陪审团的慈悲心肠。”

陪审团成员通常会对那些自己有可能成为受害者的罪行毫不留情，但对那些出于情感原因而违法的案件，陪审团却优柔寡断。比如对未婚母亲杀婴，用泼硫酸来对付对自己始乱终弃的男人这类案件的罪犯，他们很少表现得十分严厉，因为他们本能地感到，社会在照常运转，这种犯罪对它没有多大威胁。而且在一个被抛弃的姑娘不受法律保护的国家里，姑娘为自己复仇，非但无害反而有益，因为这可以吓阻那些未来的诱奸者。

顺便说说，陪审团这种把犯罪划分为对社会产生威胁或不产生威胁的两分法方式，不能认为有失公正。刑法的主要目的就是保护社会不受犯罪侵害，而不是为了进行报复。但是法国的法典，尤其是在地方官员头脑里，却仍然深受有原始法律特点的报复精神影响，像“vindicte”[①]一词，就仍在日常生活中被使用。地方官员中这一倾向说明，他们中间很多人拒绝采用贝朗热法，该法允许被判刑的人不必服刑，除非他再次犯罪。但是，由于已从统计学上得出了证明，所以没有哪个官员会否认，对初次犯罪进行惩罚，极可能导致受罚者再次犯罪。当法官让一个被判刑的人获得自由时，他们似乎总认为没有为社会报仇；他们不愿意这样，倒是更愿意制造一

① “起诉”。起源于拉丁语的“vindicta”报复一词。——译者注

个肯定罪犯的人。

陪审团像任何群体一样，也深受名望的影响。德·格拉热先生正确指出，陪审团的构成虽然民主，他们在好恶态度上却很贵族化：“头衔、出身、家财万贯、名望或一位著名律师的帮助，总之，一切不同寻常或能给被告增光的事，都会使他的处境变得极为有利。”

杰出律师的主要用心所在就是打动陪审团，而且正如对付一切群体一样：不要做很多论证，最好只采用幼稚推理的方式。一位因为在刑事法庭上赢了官司而赫赫有名的英国大律师，总结出以下应当遵循的行为准则：

> 进行辩护时，他要留心观察陪审团。最有利的机会一直就有。律师依靠自己的眼光和经验，从陪审员的面容上领会每句话的效果，从中得出自己的结论。第一步是要确认，哪些陪审员已经赞同他的理由。确定他们的赞同不必费很多功夫，然后他应把注意力转向那些看来还没有拿定主意的人，努力搞清楚他们为何会敌视被告。这是他的工作中十分微妙的一部分，因为指控一个人除正义感之外，还

可以有无限多的理由。

这几句话道出了辩护术的全部奥妙。我们都知道事先准备好的演说效果甚微，因为必须随时根据听众的反应改变措辞。

辩护人不必让陪审团每个人都接受其观点，只争取那些灵魂人物即可。就像一切群体一样，在陪审团里也存在着少数对别人有支配作用的人。“我通过经验发现”，前面提到的那位律师说，“一两个有势力的人物就足以让陪审团的人跟着他们走”。需要用巧妙的暗示取得信任的就是那么两三个人，最关键的事情就是取悦他们。群体中已被成功博得其欢心的那个人，是处在一个就要被说服的时刻，这时无论向他提出什么证据，他很可能都会认为十分令人信服。我现在就从有关拉肖的报道中摘录一段反映上述观点的趣闻逸事：

大家都知道，拉肖在庭审过程中所有的演说中，绝不会让自己眼睛离开两三个他知道或感到既有影响力又很固执的陪审员。通常他会把这些不易驯服的陪审员争取过来。不过有一次在外省，他不得不花大半个小时，采用最狡猾的论辩对付一个陪审员，而此人依然不为所动。这个人是第七陪审员，坐在第二排椅子上的第一人。局面令人沮丧。突然，拉肖停顿了片刻，向法官说:“阁下是否可以命令把前面的窗帘放下？第七陪审员已经被阳光晒晕了。”那个陪审员脸红起来，微笑着表达了自己的谢意。他被争取到辩方一边来了。

包括一些著名的作家，最近发起了一场反对陪审制度的强大运动，但面对一个不受控制的团体犯下的错误，这种制度是保护我们免受其害的唯一办法。

事实上，地方官是行动不受限制的唯一行政官员。尽管发生过很多次革命，民主的法兰西依然没有一部英国人为之自豪的《人身保护法》。我们消灭了所有专制者，却在每个城市任命一个可以随意处置公民的荣誉与自由的地方长官。毫无意义的督查官①，是些刚出大学校

① 一种审查官，在英国没有类似设置。——译者注

门的新手，却拥有了令人厌恶的权力，仅靠自己的怀疑就能把一位有地位的人送进班房，并且不需要向任何人说明理由。他们以进行调查为借口，把这些人关押六个月甚至一年，最后释放他们时，也不需要做任何赔偿或道歉。在法国，司法许可证就像国王的敕令，但不同之处在于：后者——对于君主利用它的做法，人们做过公正的谴责——只有位高权重的人能够领取，司法许可证却是操控在一个公民阶层的每个人手里的工具，然而他们并非都是些开明、独立的人。

有些作者主张只从受过教育的阶层招募陪审员，然而我们已经证明，甚至在这种情况下，陪审团的判决也没什么两样。还有些人以陪审团犯下的错误为依据，希望废除陪审团，由法官取而代之。真是令人难以理解，这些一厢情愿的改革家怎么会忘了，被指责为陪审团所犯下的错误，首先是由法官犯下的，而且当被告被带到陪审团面前时，一些地方官员、督察官、公诉人和初审法庭已经认定他有罪。

由此可见，如果对被告做出判决的是地方官而不是陪审团，被告将失去找回清白的唯一机会。陪审团的错误历来首先是地方官的错误。因此，当出现了特别严重的司法错误时，首先应当受到谴责的是地方官，最近对L医生的指控就是如此。有个愚蠢透顶的督察官根据一位半痴呆女孩的揭发，对L医生提出起诉。女孩指控医生为了三十法郎非法为她做手术。若不是因为惹恼了公众，使最高法院院长立刻给了L医生自由，他是一定会身陷囹圄的。这个被指控的人得到了自己同胞的赞誉，这一错案的野蛮性由此昭然若揭。那些地方官自己也承认这一点，但是出于身份考虑，极力阻挠签署赦免令。

在所有类似案件上，陪审团在遇到自己无法理解的技术细节时，自然会倾听公诉人的观点，因为他们认为，那些在搞清楚最复杂的事态上训练有素的官员已经对事件进行了调查。那么，谁是错误的真正制造者？陪审团还是地方官？我们应当大力维护陪审团，因为陪审团是唯一不能由任何个人随时取代的群体类型。只有它能够缓解法律的严厉。对任何人都一视同仁的法律，从原则上说既不考虑也不承认特殊情况。法官是冷漠无情的，除了法律条文外不理会任何事情。出于职业的严肃性，法官对杀人越货者和因贫困或受到诱惑者抛弃而杀婴的可怜姑娘，会施以同样的刑罚，而陪审团会本能地感到，与逃避法网的诱惑者相比，被诱惑的姑娘罪过要小得多，对其应当宽大为怀。

在了解了身份团体的心理，也了解了其他群体的心理后，对一个受到错误指控的案件，我不可能仍然认为，我不应当去和陪审团打交道，而应当去找地方官。从前者那里我还有些找回清白的机会，让后者认错的机会却微乎其微。群体的权力固然令人生畏，但有些身份的团体的权力更让人害怕。

4. 作为选民的群体

选民群体的一般特点／说服他们的办法／候选人应具备的素质／“名望”的必要性／工人、农民为何很少选举自己的同行／词语和套语对选民的影响／竞选演说的一般特点／选民的观点如何形成／政治委员会的权力／它们代表最可怕的专制／大革命时期的委员会／普选权虽有缺陷，但不能废除／为何即使限制选举权也不能改变选举结果。

选民群体，也就是有权选举某人担任官职的集体，属于异质性群体范畴。但由于行为仅限于一件规定明确的事情，即在不同的候选人中做出选择，因此这一群体只具有前面讲过的少数特征。在群体的特征中，他们表现出极少的推理能力，缺乏批判精神、轻信、易怒并且头脑简单，此外，从他们的决定中也可以找到群众领袖的影响，以及断言、重复、传染的作用。

我们来看看说服选民群体的办法。从最成功的办法中，可以很容易发现他们的心理。首先，候选人应当享有名望。能够取代个人名望的只有财富。候选人的才干，不是非常重要的要素。

但还有重要的另一点是，享有名望的候选人必须能迫使选民不经讨论就接受自己。选民中多数是工人或农民，他们很少选出自己的同行来代表自己，原因就在于这种人在他们中间没有名望。

当他们偶然选出一个和自己相同的人时，一般也是由于一些次要原因，例如为了向某个大人物或有权势的雇主泄愤，或是幻想通过这种方式成为其主人。

候选人要想获得成功，只有名望还不够。选民特别在意候选人是否表现出贪婪和虚荣。候选人必须用哄骗手段才能征服选民，要毫不犹豫地向他们做出最异想天开的许诺。如果选民是工人，那就侮辱和中伤雇主，再多也不过分。对于竞选对手，必须利用断言法、重复法和传染法，竭力让人确信对手是个十足的无赖，恶行不断，尽人皆知。为任何表面证据而费心是没用的。对手如果不了解群体心理，就会用各种论证为自己辩护，而不是把自己限制在只用断言来对付断言，如此一来，对手也就没有任何获胜机会了。

候选人写成文字的纲领不可过于绝对，不然对手将来会利用这一纲领来对付你。但是在口头纲领中，再夸夸其谈也不过分。可以毫无惧色地承诺最重要的改革。夸张能够产生巨大的效果，且对未来并没有约束力，因为这需要不断进行观察，而选民绝对没有这样的耐心和精力，他们并不想知道自己支持的候选人在实行他们所赞成的竞选纲领上能走多远，虽然正是这个纲领让他们做出了选择。

从以上这种事情中，能发现前面讨论过的所有那些说服因素。在各种口号和套话（我们已经谈过这些东西神奇的控制力）所发挥的作用中还会看到它们。一个明白如何利用这些手段的演说家，别人要用刀剑成就的事，他用这种办法照样可以办到。像不义之财、卑鄙的剥削者、可敬的劳工、财富的社会化之类的说法，永远会产生同样效果，尽管它们已经被滥用，此外，如果候选人满嘴新词，尽管其含义极其含糊，只要能迎合各种愿望，也能大获全胜。西班牙 1873 年那场血腥的革命，就是由这种含义复杂、因而每个人都可以自己做出解释的奇妙说法引起的。当时的一位作者对这种说法的描述值得看看：

> 激进派已经发现集权制的共和国其实是乔装打扮的君主国，于是为了迁就他们，议会全体一致宣告建立一个“联邦共和国”，虽然投票者谁也解释不清楚自己投票赞成的是什么。然而这个说法却让人

皆大欢喜，人们无比高兴并陶醉于其中。美德与幸福的王国就要在地球上揭幕。共和主义者如果未被对手指称为联邦主义者，共和主义者会视此为极大的侮辱。人们在大街上以这样的方式互致问候：联邦共和国万岁！然后便响起一片赞美之声，对军队没有纪律这种奇怪的美德以及士兵自治大唱赞歌。人们对“联邦共和国”是如何理解的呢？有些人认为联邦共和国是指各省的解放，即同美国和行政分权制相似的制度；还有些人则认为联邦共和国意味着消灭一切权力，迅速着手于伟大的社会变革。巴塞罗那和安达路西亚的社会主义者赞成公社权力至上，他们建议在西班牙设立一万个独立的自治区，根据它们自己的要求制定法律，在建立这些自治区的同时禁止警察和军队的存在。在南部各省，叛乱很快便开始从一座城市向另一座城市、从一个村庄向另一个村庄蔓延。有个发表了宣言的村庄，所做的第一件事情，就是立刻破坏了电报线和铁路，以便切断与相邻地区和马德里的一切联系。处境最可怜的村庄注定只能寄人篱下。联邦制给各立门户大开方便之门，到处都在杀人放火，人们无恶不作。这片土地上充斥着血腥的狂欢。

至于理性对选民的头脑可能产生的影响，要想对这个问题不生疑心，那就别去读有关选民集会的报道。在这种集会上，人们言之凿凿、痛骂对手，有时甚至拳脚相向，但绝对听不到论证。即使有片刻的安静，也是因为有个享有“粗汉”名声的人在场，宣称自己要用一些让听众开心的麻烦问题难倒候选人。然而反对派的满足是短命的，因为提问者的声音很快就会被对手的叫喊声压倒。以下从报纸上的成百上千个类似事例中选出来的这段关于公众集会的报道，可以作为这方面的典型：

会议的组织者之一请大会选出一名主席，骚乱立刻席卷全场。无政府主义者跳上讲台，粗暴占领会议桌。社会主义者开始反抗。人们扭打在一起，每一派都指责对方是拿了政府佣金的奸细……一个眼睛被打青了的公民离开了会场。

在一片喧闹声中，会议只好拖延很长时间，说

> 话的权利转移给了X同志。
>
> 这位演讲人开始激烈地抨击社会主义者，他们则用白痴、无赖、流氓之类的叫骂声打断他。X同志则针对这些脏话提出一种理论，根据这种理论，社会主义者才是“白痴”或“可笑之人”。
>
> 昨晚，为了五一节工人庆祝会的预演，阿勒曼派在福伯格宫大街的商会大厅组织了一次大会。会议的口号是“沉着冷静！”
>
> G同志——暗指社会主义者是“白痴”和“骗子”。所有这些恶言恶语都会引起相互攻击，演讲者和听众甚至会大打出手。椅子、桌子、板凳，全都变成了武器。

千万不要以为，这只是对顽固不化的选民群体的描述，也不要认为选民的社会地位能决定他们的行为。在任何这类集会中，即使参与者全都受过高等教育，也不会有什么区别。当人们聚集成一个群体时，一种降低他们智力水平的机制就会发生作用，所有的场合都不例外。下面是我从1895年2月13日的《材报》上摘录的一段有关一次集会的报道：

> 那个晚上，随着时间流逝，喧嚣声有增无减。我不相信有哪个演讲者能说上两句话而不被打断。每时每刻都有人从这里或那里发出叫喊。掌声中夹杂着嘘声，听众中的个别成员还在不断激烈争吵。一些人挥舞着木棒，另一些人不停击打地板。打断演说的人引来一片呼喊：“把他轰下去！”或“让他说！”
>
> C先生满嘴都是“懦夫、恶棍、卑鄙无耻、唯利是图、打击报复”之类的用语，他宣称要把这些东西统统消灭。

人们也许会问，处在这种环境里的选民怎么能够形成一致观点呢？提出这样的问题，一定是对群体中个体的自主性有错误的认识。群体中的个体从来没有属于自己的观点，群体成员有的只是别人希望他们有的观点，提出这种观点的人，也绝不能夸口自己的观点是合乎理性的。选民的观点和选票通常被选举委员会操纵，而这选举委员会的领袖人物大多都是些职业政客，他们向工人许诺好处，因此在这些人中间很有影响力。当今最勇敢的民主斗士之一谢乐先生说：

> 你可知道什么是选举委员会吗？它不多不少，是我们各项制度的基石，是政治机器的一件杰作。今日法国就是受选举委员会的统治。

委员会不管有什么名称，叫俱乐部还是辛迪加，大概都包含了群体权力带来的可怕危险。在现实中，它们代表最不具人格、因而也是最具压迫性的专制形式。可以说委员会的领袖是代表集体说话与行动的，因此他们不用负任何责任，他们处在可以根据自己的选择行事的位置上。甚至最残暴的暴君，也不敢想象自己拥有革命委员会拥有的那些生杀权。巴拉斯就曾宣布，他们要在国民公会里大开杀戒，随心所欲地裁撤议员。罗伯斯庇尔只要还能代表他们说话，就握有绝对权力。这个独裁者因为自高自大被他们抛弃后，也就失去了权力。群体的统治就是委员会的统治，因而也是委员会领袖的统治。

难以想象还会有比这更严酷的暴政。

法国如今的选举制度决定了，只要候选人能被群体接受，并拥有一定财源，对群体产生影响并不难。据捐款人承认，三百万法郎就能保证布朗热将军重新当选。

选民群体的心理学就是如此。选民群体和其他群体一样，既不更好，也不更差。

从以上所言，我并没有得出反对普选的结论。我明白它的命运，因此出于一些实际的原因，我愿意支持保留这种办法。事实上，我们是通过对群体心理的调查，归纳得出这些原因的。基于一些考虑，我要对这些原因做进一步的阐述。

毋庸置疑，普选有突出弱点，所以人们很难视而不见。也无可否认，文明是少数智力超常的人的产物，他们构成了社会这座金字塔的顶点。随着这座金字塔下面各个层级的加宽，智力成分相应地也越来越少。因为这些层级就是由一个民族中的群众构成的。一种文明的伟大，如果依靠这些以人多势众自夸的低劣成员的选票，是无法让人放心的。另外还可以确定，群众投下的选票往往十分危险。它们已经让我们付出了若干次遭受侵略的代价，我们眼看着群体正在为之铺设道路的社会主义就要大获全胜，异想天开的人民主权论，十有八九会让我们付出更惨重的代价。

然而，这些不同观点虽然从理论上令人信服，在实践中却毫无优势。只要还记得观念一旦变成教条后会有怎样不可征服的力量，就会承认这一点。从哲学观点看，群体权力至上的教条就像中世纪的宗教教条一样不堪一驳，但是如今它却拥有和昔日那些教条一样强大的绝对权力，一样难以战胜。不妨设想有个现代自由思想家被送回了中世纪。难道你会认为，当他发现盛行于当时的宗教观念有至高无上的权力后，他会对它们进行攻击吗？一旦落入一个能够把他送上火刑柱的法官之手，指控他与魔鬼有约或参与了女巫的宴飨，他还会对是否存在魔鬼或女巫质疑吗？用说理的方式不可能战胜飓风。普选的教条在今天就具有过去宗教所具有的威力。演说家和作家在提到它时所表现出的恭敬与媚态，即使路易十四也无缘享受。只有时间能对其产生影响。

此外，任何努力都无法破坏这种教条。托克维尔正确地指出：

> 在平等的时代，人们并不相信有关他们彼此之间全都一样的说法，但是这种比喻却使他们几乎毫无节制地信赖公众的判断力，其原因就在于，所有的人同样开明似乎是不太可能的，真理并不会与人数上的优势携手同行。

对选举权加以限制，如果有必要，把对这种权利的拥有限制在聪明人中间，这样就能改进群众投票的结果了吗？我永远也不会相信会出现这种情况。理由就是基于我已说过的，一切集体，不管其成员如何，全都患有智力低下症。在群体中，人们总是倾向于智力平均化，在一般性问题上投票，四十名院士不会比四十个卖水人更高明。我一点都不相信，如果只让有教养和受过教育的人成为选民，受到谴责的普选投票结果就会大为不同。一个人不会因为通晓希腊语或数学，也不会因为是建筑师、医生或大律师，便掌握了特殊的智力或社会问题的解决之道。我们的政治经济学家全都受过高等教育，大都是教授或学者，然而他们何曾就哪个普遍性问题，比如贸易保护、双本位制等等，取得过一致呢？原因就在于，他们的学问不过是我们普遍无知的一种弱化了的形式。在社会问题上，由于未知因素众多，人的无知在本质上没有区别。由掌握各种学问的人组成的选民，他们的投票结果仍然主要受情感和党派精神的支配。对于那些现在必须对付的困难，我们还是一个也解决不了，而且肯定会受到身份团体暴政的压迫。

群众的选举权不管是受到限制还是普遍给予，不管是在共和制还是君主制之下行使，不管是在法国、比利时、德国、葡萄牙还是在西班牙，都是一样的，说一千道一万，它所表达的不过是一个种族无意识的向往和需要。在每个国家，当选者的一般观点都反映种族的禀性，而这种禀性从一代人到下一代人，不会有显著变化。

到此，我们一再遇到种族这个基本概念。我们还会经常遇到它，由此会产生一种认识，即各种制度和政府对一个民族的生活只产生很小影响。民族主要是受其种族禀性支配，也就是说，是受某些品质的遗传支配，而所谓禀性，正是这些品质的总和。种族和限制我们的各种规律，是决定我们的命运的主因。

5. 议会

议会中的群体表现出异质性群体的大部分特征 / 他们的观点简单化 / 易受暗示，但有局限性 / 他们难以改变的观点和易变的观点 / 议而不决的原因 / 领袖的作用 / 他们是议会的真正主人 / 演讲术的要点 / 没有名望者的演说劳而无功 / 议会成员的情感夸张 / 国民公会的实例 / 议会失去群体特征的情况 / 专家在技术性问题上的作用 / 议会制度的优点和危险 / 适应现代要求，但会造成财政浪费和对自由的限制 / 结论。

议会为我们提供了一个有名称的异质性群体范例。虽然不同时代、不同国家议会成员的选举方式有所不同，但它们有相似的特征。在这种场合，人们会感受到种族因素要么削弱，要么强化了群体的共同特征，但不会妨碍它们的表现。差异很大的国家，如希腊、意大利、葡萄牙、西班牙、法国和美国，议会在辩论、投票上，却表现出相似性，使各国的政府面对着基本相同的困难。

但议会制度却是现代文明的理想。这种制度来自这样一种观念，即在某个问题上，多数人要比少数人更有可能作出明智的决定。尽管这种观念从心理学角度看是错的，却得到普遍认同。

群体的一般特征在议会中表现得很明显：头脑简单、多变、易受暗示、夸大情感以及少数领袖人物起主导作用。由于其构成的特殊性，议会也有一些独特之处，现在我们就来做一简单说明。观点的简单化是最重要的特征之一。所有党派，尤其是拉丁民族的党派，无一例外地存在一种倾向，即习惯于依据最简单的抽象原则和普遍规律解决最复杂的社会问题。当然，这些原则规律会因党派的不同而不同，但仅仅因为个人是群体一部分这一点，他们就总是倾向于夸大自己原则的价值，坚持要贯彻这些原则。产生的结果是，议会成了各种极端观点汇集的场所。

议会有特别质朴的简单观点，法国大革命时期的雅各宾党人是这方面最完美的典型。他们对待他人有严格的教条和逻辑，满脑子都是含混不清的普遍观念，总是迫不及待地贯彻他们那些死板的原则，根本不在乎何时何地、什么事情。提到他们时，人们完全有理由这样说：他们经历了一场革命，但并没有看到这场革命。在一些引导着他们的十分简单的教条帮助下，他们以为自己能把这个社会从上到下改造一遍，结果使一个发达的文明倒退到了社会进化的初级阶段。他们为实现自己的理想采用的办法，和那些极端质朴的人有同样的特点。实际上，他们只是把拦在道路上的一切都毁掉了罢了。他们不管是吉伦特派、山岳派还是热月派，全都受同样精神的激励。

议会中的群体很容易受暗示的影响，而且就像所有群体一样，暗示来自有名望的领袖。不过和其他群体相比，议会群体易受暗示的特点有明确的界限，指出这点十分重要。

在涉及地方或地区问题上，议会每个成员都持有牢固而不会改变的观点，任何论证都无法使其动摇。例如在贸易保护或酿酒业特许这类与有势力的选民的利益相关的问题上，即使有狄摩西尼[①]的演说天赋，也难以改变一位众议员的投票。这些选民在投票期到来前就有所暗示，足以压倒来自其他方面的建议，维持投票意向的稳定。

这种现象不仅仅在我们这里，在议会制度比我们更完善有效的英国也是一样。一位英国议员根据自己的长期经验得出的如下结论，无疑也适用于这类事先确定，不会因选票而改变的观点：

---

① 狄摩西尼，前 384—前 322 年。古希腊政治家，伟大的演说家。——译者注

> 我坐在威斯特敏斯特[①]的五十年间，听过上千次的演说，但是它们很少能改变我的看法，更没有一次改变我的投票。

一旦涉及一般性问题，比如推翻一届内阁、开征一种新税等等，观点就开始不再那么有原则。虽然与普通群体中的方式有所不同，领袖的建议总能发挥重要影响。每个政党都有自己的领袖，他们的影响力有高有低。但当这种影响旗鼓相当时，一名众议员就会发现自己被夹在两种对立的建议之间，无法做出决定。这解释了为什么经常会看到一名议员，在很短时间内做出完全相反的决定，或者为一项法案增加一条使其失效的条款，例如剥夺雇主选择和解雇工人的权利，然后又来上一条几乎废除这一措施的修正案。

同样的理由，每届议会既有一些观点是非常稳固的，也有一些观点十分易变。大体上说，议会所面对的一般

---

① 英国议会所在地。——译者注

性议题更多，因此议而不决的现象司空见惯。议而不决的原因，很可能是持续担忧选民的多变性，这种多变性使得收集的建议总是滞后，进而制约了领袖的影响力。

不过，在无数辩论中，当议员们对议题没有先入之见时，领袖总是最终做出决定的那个人。

在议会中，领袖的必要性是显而易见的。在每个国家的议会里，都可以看到他们以团体首领名义存在着。他们是议会真正的统治者。组成群体的人没了头头便一事无成，因此也可以说，议会中的表决通常只代表极少数人的观点。

领袖的影响力只在很小的程度上取决于他们提出的论据，在很大程度上则来自他们的名望。这一点最好的证明是：一旦他们因故威信扫地了，他们的影响力也随之消失。

政治领袖的名望只属于他们个人，与头衔或名声无关。关于这点，西蒙先生[①]在评论 1848 年国民议会（他也是其成员之一）的大人物时，为我们提供了非常有趣

---

① 西蒙，1814—1896 年。法国政治家、激进主义思想家，两度当选议员，1876 年一度担任总理。——译者注

的例子：

> 路易·拿破仑两个月以前还无所不能，如今却无足轻重了。
>
> 维克多·雨果登上了讲台，无功而返。人们听他说话，就像听皮阿[①]说话一样，但他并没有博得多少掌声。“我不喜欢他那些想法，”谈到皮阿，沃拉贝勒对我说，“不过他是法国最了不起的作家之一，也是最伟大的演说家。”基内[②]尽管聪明过人，智力超强，却一点也不受人尊敬。在召开议会之前，他还有些名气，但在议会里却寂寂无名。
>
> 对才华横溢者无动于衷的地方，莫过于政治集会。这种集会所留心的只是那些与时间地点相宜、有利于党派的滔滔辩才，并不在乎它是否对国家有利。若想享有1848年拉马丁以及1871年梯也尔得

① 皮阿，1810—1889年。法国记者。激进思想鼓吹者。1848年进入议会，1871年再度当选议员，同年加入巴黎公社。——译者注

② 基内，1803—1875年。19世纪法国重要思想家，1871年当选议员。——译者注

> 到的那种崇敬，需要有急迫而不可动摇的利益刺激才成。一旦危险消失，议会立刻就会忘记它的感激和受到的惊吓。

上面这些话之所以有趣，是因为其中包含着一些事实，而不是它所提供的解释。群体一旦效忠于领袖，不管是党的领袖还是国家的领袖，就立刻失去了自己的独立性。服从领袖的群体是处在领袖名望影响之下，这种服从并不受利益或感激之情的支配。

因此，有名望的领袖掌握着权力。一位著名的众议员在多年时间里因其名望而拥有巨大影响力，在上次大选中由于某些金融问题而败选，此事广为人知。他只消做个手势，内阁便倒台了。有个作家这样描述这名议员的影响力：

> 这位 × 先生，我们需要为他付出三倍于通常让我们付出的代价。主要因为他，我们在马达加斯加的地位长期岌岌可危；也是因为他，我们才在南尼日尔被骗走了一个帝国；还是因为他，我们失去了

在埃及的优势。× 先生的谬论让我们丢失的领土，比拿破仑一世的灾难有过之而无不及。

对于这类领袖我们不必过于苛责。不错，他使我们损失惨重，然而他的大部分影响力是顺应民意的结果，而这种民意在殖民地事务上，目前还远没有超越过去的水平。领袖很少超前于民意，他们所做的一切总是在顺应民意，因此也会助长其中的所有错误。

这里所讨论的领袖影响力的手段，除了名望外，还包括我们多次提到过的一些因素。领袖要想能巧妙利用这些手段，必须对群体心理了然于心，至少也要无意识地做到这点；领袖还必须知道如何对他们说话，尤其应当了解各种词汇、套话和形象的神奇力量。领袖应当具备特殊的辩才，这包括言之凿凿（回避使用证明的重负）和生动的形象，并伴之以十分笼统的论证。这种辩才在所有集会中都可以看到，英国议会也不例外，虽然它是所有议会中最严肃的一家。英国哲学家梅因[①]说：

> 在下院的争吵中可以不断看到，整个辩论不过是些软弱无力的大话和盛怒的个人间的针锋相对。这种一般公式对纯粹民主的想象有巨大的影响。让一群人接受用惊人之语表达出来的笼统的断言，从来就不是什么难事。即使它从未得到过证实，大概也不可能得到证实。

这里的“惊人之语”无论说得多重要也不算过分。我们多次谈到词语和套话的特殊力量。在措辞的选择上，必须以能够唤起生动的形象为标准。下面这段话摘自我们自己的一位议会领袖的演说，是一个极好的范例：

> 这艘船将驶向坐落着我们监狱的那片热病肆虐的土地，把名声可疑的政客和目无政府的杀人犯关

① 梅因，1822—1888 年。英国著名法学家、历史学家。主要著作有《古代法》《早期制度史》等。——译者注

在一起。这对难兄难弟可以促膝谈心，视彼此为一种社会状态中互助互利的两派。

如此展现出来的形象极为鲜活，演说者的所有对手都会觉得自己受到它的威胁。他们脑海里浮现出两幅画面：一片热病肆虐的国土，一艘可以把他们送走的船。他们不是也有可能被放在那些定义不明确的可怕政客中间吗？他们体验到的恐惧，与当年罗伯斯庇尔用断头台发出威胁的演说给予国民公会的人的感觉一样。在这种恐惧的影响下，他们当然会投降。

喋喋不休地说些最荒唐的大话，永远对领袖有利。我刚才引用过的那位演说家能够断言（不会遇到强烈的抗议）金融家和僧侣正在资助扔炸弹的人，因此大金融公司的总裁也应受到和无政府主义者一样的惩罚。这种断言永远会在人群中起作用。再激烈的断言，再可怕的声明也不过分。要想吓唬住听众，没有比这种辩术更有效的办法。在场的人会担心，假如他们表示抗议，他们也会被当作叛徒或其同伙打倒。

这种独特的辩论术在所有集会上都很有效，危难时刻作用就更加明显。法国大革命时期，各种集会上演说家的讲话，读起来都十分有趣。他们无时无刻不认为自己必须先谴责罪恶弘扬美德，然后再对暴君破口大骂，发誓不自由毋宁死。在场的人站起来热烈鼓掌，冷静下来后回到自己的座位上。

偶尔也有机智、受过高等教育的领袖，但是具备这些特点通常对他们有害无益。如果他们想说明事情有多么复杂，同意做出解释和促进理解，智慧就会使他变得过于宽宏大量，大大削弱使徒们所必需的信念的强度与粗暴。尤其是在大革命时期，民众领袖头脑之狭隘令人瞠目；但影响力最大的，肯定也是头脑最褊狭的人。

其中罗伯斯庇尔的演说最有名，经常有令人吃惊的自相矛盾，只看这些演说实在搞不明白，这位大权在握的独裁者何以有如此大的影响：

> 教学法式的常识和废话，糊弄孩子头脑的稀松平常的拉丁文化，攻击和辩护所采用的观点不过是些小学生的歪理。没有思想，没有措辞上令人愉快的变化，也没有切中要害的讥讽，只有令我们生厌

的疯狂断言。在经历过一次这种毫无乐趣的阅读之后，人们不免会与和蔼的德穆兰[①]一起长叹一声："唉！"

一想到强烈信念与极端狭隘的头脑结合在一起，能够给一个有名望的人怎样的权力，就让人心惊肉跳。一个人要想无视阻碍，拥有强大的意志力，就必须满足这些最起码的条件。群体本能地在精力旺盛、信仰坚定的人中间寻找自己的主子，他们永远需要这种人。

在议会里，一次演说要想取得成功，不取决于演说者提出的论证，而是依靠演说者所具有的名望。最好的证明是一个演说者如果因为这样那样的事情失去名望，同时也就失去了根据自己的意志影响表决的能力。

当一个寂寂无名的演说者拿着一篇论证充分的讲稿出场时，如果他只有论证，充其量也只能让人听听。有心理学见识的众议员德索布先生，最近用下面这段话描

① 德穆兰，1760—1794 年。法国大革命时期著名新闻记者、演说家，死于罗伯斯庇尔的断头台。——译者注

述了一个缺乏名望的众议员：

他走上讲台后，从公文包里拿出一份讲稿，煞有介事地摆在面前，十分自信地开始发言。

他曾自我吹嘘说，他能让听众确信让他本人感到振奋的事情。他一而再再而三地对听众强调自己的论证，对那些数字和证据信心十足。他坚信自己能说服听众，面对他所引用的证据，任何反对都没用处。他一厢情愿地开讲，相信自己同事的理解力，认为他们理所当然地只会赞同真理。

他一开口便惊异地发现大厅里并不安静，人们发出的噪声让他多少有些恼怒。

为何不能保持安静呢？为何这么不留意他的发言呢？对正在讲话的人，那些众议员在想些什么？有什么要紧的事情让这个或那个众议员离开了自己的座位？

他脸上掠过一丝不安，皱着眉头停了下来。在议长的鼓励下，他又提高嗓门开始发言。他加重语气，做出各种手势。周围的噪声越来越大，他连自

> 己的话都听不见了，于是他又停了下来。最后，因为担心自己的沉默会招来可怕的轰赶，他又开始说起来。喧闹声变得难以忍受。

当议会极度兴奋时，它也会变得和普通异质性群体没什么两样，这时它的情感就会表现出易于走极端的特点。可以看到它或是表现出英雄主义，或是犯下最恶劣的过失。个人会完全失去自我，投票赞成最不符合他本人利益的措施。

法国大革命的历史说明了议会能丧失自我意识到何种程度，以至于让那些与自己利益截然对立的建议牵着鼻子走。某种程度上，贵族放弃自己的特权是个巨大的牺牲。但在国民公会期间那个著名的夜晚，他们毫不犹豫就这样做了。议会成员放弃自己不可侵犯的权利，便使自己处在死亡威胁下，而他们却迈出了这一步；他们并不害怕在自己的阶层中滥杀无辜，虽然他们很清楚，今天他们把自己同伙送上断头台，明天这可能就是他们自己的命运。实际上，他们已经进入了我曾描述过的不由自主的状态，任何想法都阻止不了他们赞成那些冲昏了他们头脑的建议。比劳·凡尔纳的回忆录中的这段话记录了这种情况："我们一直极力谴责的这一决定，两天前，甚至一天前我们还不想做出的决定，居然就通过了，造成这种情况的是危机，再无其他原因。"再也没有比这更正确的说法了。

在所有情绪激昂的议会会议上，这种无意识现象无所不在。泰纳说：

> 他们批准并下令执行一些他们引以为荣的措施。这些措施不只愚蠢透顶，简直就是在犯罪：杀害无辜，杀害他们的朋友。在右派的支持下，左派全体一致表决同意，在热烈的掌声中把丹东——他们原先的首领，这场革命的伟大发动者和领袖送上了断头台。在左派的支持下，右派全体一致同意，在最响亮的掌声中表决通过了革命政府最恶劣的法令。议会全体一致，在一片热烈叫喊的赞扬声中，在对德布瓦、库东和罗伯斯庇尔等人热烈的赞扬声中，不受控制地一再举行改选，使杀人成性的政府留在台上。平原派憎恶它，是因为它杀人如麻；山岳派

> 憎恶它，是因为这个政府对其成员的生命视若蝼蚁。平原派和山岳派，多数派和少数派，最后都落了个同意自相残杀的下场。牧月22日，整个议会把自己交给了刽子手；热月8日，在罗伯斯庇尔发言后的一刻钟内，同样的事情被这个议会又做了一遍。

这是幅混乱恐怖的画面，但非常形象准确。议会若是兴奋和头脑发昏到一定程度，就会表现出同样的特点。议会会变成不稳定的流体，受制于一切刺激。《文学报》下面这段描述1848年议会的文字，来自一位有坚定民主信仰的议员斯布勒尔先生。这段文字描述的是我曾说过的夸张情感、极端多变性（一刻不停地从一种情感转向另一种截然相反的情感）的群体特点。

> 共和派既因为自己的分裂、嫉妒和猜疑，也因为其盲信和无节制的愿望而坠入地狱。共和派的质朴和天真与它的普遍怀疑不相上下。与毫无法律意识、不知纪律为何物相伴的是放肆的恐怖和幻想。在这些方面，乡下人和孩子也比他们强。他们的冷

> 酷和缺乏耐心一样严重，他们的残暴与驯顺不相上下。这种状态是性格不成熟以及缺乏教养的自然结果。没有什么事能让这种人吃惊，但任何事都会让他们慌乱。出于恐惧或出于大无畏的英雄气概，他们既能赴汤蹈火，也会胆小如鼠。
>
> 不管原因和后果，不在乎事物之间的关系。他们忽而灰心丧气，忽而斗志昂扬，他们很容易惊慌失措，不是过于紧张就是过于沮丧，从来不会处在环境所要求的心境或状态中。他们比流水还易变，头脑混乱，行为无常。能指望他们建立什么样的政府呢？

幸运的是，这些在议会中看到的特点并非经常出现。议会只有在某些时刻才会成为一个群体。在大多数情况下，组成议会的个人仍保持自己的个性，这解释了议会为何能制定出出色的法律。其实，这些法律的作者都是专家，他们是在自己安静的书房里拟订草稿的，因此，表决通过的法律，其实是个人的产物而不是集体的产物。这些法律自然就是最好的法律。只有当一系列修正案把它们变成集体努力的产物后，这些法律才有可能产生灾难性后果。群体的产品不管性质如何，与独立个人的产品相比总是品质低劣的。专家阻止议会通过一些考虑不周全或行不通的政策，在这种情况下，专家是群体暂时的领袖。议会影响不到专家，专家却可以影响到议会。

议会的运作虽然面对所有这些困难，议会仍然是人类迄今为止发现的最佳统治方式，尤其是摆脱个人专制的最佳方式。不管是哲学家、思想家、作家、艺术家还是有教养的人，一句话，对所有构成文明主流的人，议会无疑是理想的统治。

不过，现实中议会也造成两种严重危险，一是不可避免的财政浪费，二是对个人自由不断增加的限制。第一个危险产生于各种紧迫问题和当选群体的缺少远见。如果有个议员提出一项政策，譬如建议使所有工人能得到养老津贴，或为所有级别的国家雇员加薪，其他众议员因为考虑到自己的选民，就会不敢无视自己的选民的利益而对上述建议提出反对意见。尽管他们清楚这会造成新的预算负担，促使新税种的设立。增加开支的后果属于遥远的未来，不会给他们自己带来不利的结果，如果投了反对票，当他们想要连选连任而露面时，后果就会显现。

还有一种同样具有强制性的原因，即必须投票赞成一切为了地方目的的补助金。一名众议员没办法反对这种补助，因为这是选民的迫切需求。同时，议员在为自己的选民争取利益时，同样要得到提出类似议案的议员的支持。

1895 年 4 月 6 日的一期《经济学家》刊登了一篇奇文，评论了议员仅因竞选考虑，就增加铺设铁路方面的巨大开支。为了把郎盖吉（一个有三千名居民的山区小镇）和普伊连接起来，议会表决通过一项耗资一千五百万法郎的预算法案。其中七百万法郎被花在了连接博芒特（三千五百名居民）和卡斯特尔萨金的铁路上，七百万法郎被用在连接奥斯特（五百二十三名居民）和塞克（一千二百名居民）的铁路上，诸如此类。仅仅 1895 年一年，就表决通过了九千万法郎的预算用于地方铁路建设。还有一些也是出于选举原因造成的巨大开支。据财政部部长说，对工人的补贴加以制度化的法律，很快就会涉及至少每年一亿六千万法郎的支出，按院士勒鲁瓦·布罗的说法则是八亿法郎。显然，这种开支的不断增长，肯定会导致破产。很多欧洲国家，包括葡萄牙、希腊、西班牙、土耳其，都已走到这个地步，另一些欧洲国家如意大利，很快也会陷入同样的困境。这些事情显示的危险信号太多了，以至于人们都感觉不到了。

第二个危险（议会对自由不可避免的限制）看起来不那么明显，却十分真实。这是大量的法律（它们总是一种限制性措施）造成的结果。议会认为自己有义务表决通过，尽管在很大程度上对其结果茫然不知。

这种危险是不可避免的，即使英国这个提供了最完善的议会体制、议员对其选民保持最大独立性的国家，也没能幸免。赫伯特·斯宾塞在一本很久以前的著作中曾指出，表面自由的增加必然伴随着真正自由的减少。他在最近的《人与国家》一书中又谈到了这个问题。在讨论英国议会时，他表达了自己的看法：

> 自从这个时期以来，立法机构一直遵循着我指出的路线。迅速膨胀的独裁政策不断地倾向于限制个人自由，这表现在两个方面。每年都有大量的法

律被制定出来，对一些过去公民行为完全自由的事务进行限制，强迫公民做一些过去可做可不做的事情。同时，日益沉重的公共负担，尤其是地方公共负担，通过减少公民可以自由支配的收入份额，增加公共权力取之于民并根据自己的喜好花销的份额，这进一步限制了公民的自由。

对个人自由日益增加的限制，在每个国家都有斯宾塞没明确指出的具体表现形式。正是大量法律（大体上是些限制性法令）的通过，会大大增加负责实施它们的公务员的数量和权力。沿着这个方向走下去，公务员可能成为文明国家的真正主人。他们拥有更大的权力，因为在政府的不断更换过程中，只有他们不受触动，也只有他们不承担责任，不需要个性，永久地存在。能实行压迫性专制的，以具备以上三种特点的人最合适。

不断制定一些限制性法规，用最烦琐的条条框框把生活行为中最小的细节都照顾起来，难免会把公民自由空间限制在越来越小的范围内。各国都被一种谬见所蒙蔽，认为保障自由与平等的最好办法就是制定更多更细的法律。政府已经习惯给人上套，很快便会达到需要奴才的地步。那时人们不过是些虚幻的影子，一堆行尸走肉。

如果到了这个地步，个人注定要去寻求自身以外的力量。政府各部门必然与公民的麻木和无望同步增长，必须表现出私人所没有的主动性、首创性和指导精神。这迫使它们要承担一切，领导一切，把一切都纳入自己的保护之下，于是国家变成了全能的上帝，而经验告诉我们，这种上帝既难以持久，也不十分强大。

在某些民族中，自由受到了越来越多的限制。尽管表面的许可让他们产生一种幻觉，以为自己还拥有这些自由。它们的衰老在造成这种情况上所起的作用，至少和任何具体的制度一样大。这是直到今天任何文明都无法逃脱的衰落期的不祥先兆之一。

历史的教训以及那些先兆表明，我们的一些现代文明已开始出现衰败。所有的民族似乎都不可避免地要经历同样的命运，因此历史看起来就是在不断重复。

关于文明进化的共同阶段，很容易简单说明，我将对其做一概括，以此为本书作结。这种速记式的说明，也许对理解目前群众掌握权力的原因能有所启发。对我们之前的文明的兴起、成长与衰败的原因加以回顾，我们会发现什么呢？

在文明诞生之初，一群来源不同的人，出于移民、入侵或占领等原因聚集在一起。他们血缘不同，语言和信仰也不同。使这些人结为整体的唯一共同纽带，是某位首领颁布的法律，而且还是没有完全得到承认的法律。这种混乱的人群有突出的群体特征。他们短暂聚集起来，表现出英雄主义的同时，也表现出种种弱点，性情不稳、容易冲动。这就是一群变化无常的野蛮人。

漫长的岁月造就了自己的作品。环境、种族间的通婚和共同的生活发挥了作用，各自独立的小群体逐渐开始融合，渐渐形成了种族，即一个有共同特征和情感的群体。他们在遗传的作用下越来越稳固。这群人变成了一个民族，这个民族有能力摆脱野蛮状态。但是，只有经过长期的努力、不断的斗争以及无数次的反复，获得了某种理想后，它才能够完全成为一个民族。这个理想具有什么性质并不十分重要，不管是对罗马的崇拜、雅典的强盛，还是真主的胜利，都足以让种族中的每个人在情感和思想上形成完全的统一。与此同时，一种包含各种制度、信念和艺术的新文明便诞生了。种族在追求自己理想的过程中，会逐渐得到一些建立丰功伟业不可缺少的素质。尽管这一群体有时仍是乌合之众，但在其变幻不定的特征背后，正在慢慢形成一个稳定的基础，这个基础就是开始形成的种族禀性。正是这种禀性决定着一个民族在有限空间范围内的变化，支配着这个民族对机遇的把握能力。

时间在做完其创造性工作后，马上就开始了破坏的过程。不管是神仙还是人，都无法逃出它的手掌。一个文明在达到一定强盛和复杂程度后，就会停滞不前；而一旦停滞不前，这种文明就注定会进入衰落的过程。这时，文明的老年期也就来临了。

这个不可避免的时刻，总是以作为种族支柱的理想的衰弱为特征。与理想衰弱相对应的，是由理想激励而发展起来的宗教、政治和社会结构失去影响力，开始消亡。

随着这个种族的理想逐渐消亡，它也日益失去曾使自己强盛的凝聚力。个人的个性和智力可以增长，但种族集体的自我意识却会被个人自我意识的过度发展取代，同时伴随着性格的弱化和行动能力的减弱。本来是一个民族、一个联合体、一个整体的人群，最终失去凝聚力变成一群各自为政的个人，这些个人在某段时间里，仅因为传统和制度而被人为地聚集在一起。正是在这个阶段，被利益和欲望弄得四分五裂的人们失去了独立自主的能力，在最微不足道的事情上也需要有人来领导，于是国家开始发挥引人注目的影响。

随着古老理想的丧失，这个种族的才华也消失殆尽。这时候，种族仅仅是一群独立个体，因而回到了曾经的原始状态——一群乌合之众。失去了统一性也就失去了方向与未来，只有乌合之众那些临时出现的特性。它所创造的那种文明失去了稳定性，只能随波逐流。这时候，民众成为至上的权力，野蛮风气盛行。只因为久远的历史铸就的外表尚存，文明表面上看起来也许仍然华丽，其实内部已然腐朽，成了一座随时都可能坍塌的大厦，所需要的仅仅是一场不期而至的风暴。

对理想的追求是本能，导致种族从野蛮状态发展到文明状态，然后，当这个理想失去优势时，衰亡就不可避免——这就是一个民族生命循环的全部过程。

译后记

在翻译《乌合之众》这部经典之作的过程中，我仿佛穿越了一个多世纪，与法国社会心理学家古斯塔夫·勒庞进行了一场跨越时空的对话。这部首次出版于1895年的著作，不仅以其独特的视角和深刻的洞察力震撼了当时的社会学界，更在后世产生了深远的影响，被誉为大众心理学的开山之作。

勒庞以他敏锐的洞察力，将群体心理现象置于显微镜之下，进行了详尽而深刻的剖析。他通过对选民群体、议会群体、宗教群体等多种类型群体的细致观察，揭示了群体在智力、情感、道德等方面的独特表现。勒庞指出，群体往往表现出一种极端的非理性，他们容易受到暗示和情绪的左右，缺乏独立思考和批判精神。这种群体心理现象的存在，不仅影响了个体的行为选择，更在一定程度上塑造了社会的走向。

然而，正如任何经典之作都有其局限性一样，《乌合之众》也不例外。在译后记中，我们不得不正视勒庞研究的某些局限性。他的分析框架或许在一定程度上受限于当时传统西方政治学的视角，导致对某些群体心理现象的探讨略显表面，未能深入挖掘其背后的社会、文化、心理等多方面的因素。尽管如此，我们仍不能否认勒庞在大众心理学领域的开创性贡献，以及他对后世学者的重要启示。

在翻译这部著作的过程中，我深刻感受到了勒庞对于群体心理的敏锐洞察和深刻剖析。他不仅仅是在描述群体现象，更是在批判和反思社会现实。他提醒我们，在面对群体行为时，要保持独立思考和批判精神，避免被情绪和暗示所左右。同时，他也让我们认识到，教育和社会制度对于塑造个体心理和群体行为的重要作用。

此外，《乌合之众》还引发了我对现代社会的深刻思考。在信息化、网络化的今天，群体心理现象似乎更加普遍和复杂。社交媒体、网络论坛等平台的兴起，使得个体之间的联系更加紧密，但同时也为群体心理现象的滋生提供了温床。如何在这样的社会环境中保持理性思考、避免盲目跟风，成为我们每个人都需要面对的问题。

最后，我要特别感谢所有为这本书的出版付出辛勤努力的同人。没有你们的支持与合作，我无法完成这项艰巨的任务。同时，我也希望这部译著能够为广大读者带来有益的启示和思考，引导我们更加深入地探索群体心理的奥秘，为推动社会进步和文明发展贡献一份力量。在未来的日子里，我将继续致力于翻译和介绍更多优秀的心理学著作，为传播科学知识和促进文化交流贡献自己的绵薄之力。